全球价值链视角下的产业合作模式选择
——对俄装备制造业的研究

Research on the Choice of Industrial Cooperation Mode Base on
the Perspective of Global Value Chain:
From the Research of Russian Equipment Manufacturing Industry

满小莉 / 著

经济管理出版社
ECONOMY & MANAGEMENT PUBLISHING HOUSE

图书在版编目（CIP）数据

全球价值链视角下的产业合作模式选择：对俄装备制造业的研究/满小莉著. —北京：经济管理出版社，2020.9

ISBN 978-7-5096-7573-1

Ⅰ.①全… Ⅱ.①满… Ⅲ.①装备制造业—产业合作—经济发展模式—研究—黑龙江省、俄罗斯 Ⅳ.①F426.4②F451.264

中国版本图书馆 CIP 数据核字（2020）第 170046 号

组稿编辑：杨　雪
责任编辑：杨　雪　王莉莉　陈艺莹
责任印制：黄章平
责任校对：陈　颖

出版发行：经济管理出版社
　　　　　（北京市海淀区北蜂窝 8 号中雅大厦 A 座 11 层　100038）
网　　　址：www.E-mp.com.cn
电　　　话：(010) 51915602
印　　　刷：唐山昊达印刷有限公司
经　　　销：新华书店
开　　　本：720mm×1000mm /16
印　　　张：11.25
字　　　数：208 千字
版　　　次：2020 年 10 月第 1 版　　2020 年 10 月第 1 次印刷
书　　　号：ISBN 978-7-5096-7573-1
定　　　价：56.00 元

前　言

在全球化和国际化分工的大背景下，黑龙江省由于其独特的地理位置成为中俄产业合作的重要基地。装备制造业作为黑龙江省的重要支柱产业，是黑龙江省对俄合作的重要组成部分。而在黑龙江省对俄装备制造业合作中，产业合作模式的选择非常重要。在区域产业合作中，产业和产业之间并不是简单的区域或产业的互通，而是要实现共赢，如何实现共赢就涉及不同的产业合作模式。产业合作模式是黑龙江省与俄罗斯互利共赢、齐头并进的必经之路，也是提高二者在国际制造业产业市场上竞争力的强有力支撑。俄罗斯在装备制造业行业中，部分行业处于全球领先地位，但是部分行业也存在一些问题，所以，现阶段的研究重点是，黑龙江省与俄罗斯在装备制造业产业合作方面能否将二者优势融合在一起，加大优势效力，不断提升产业链价值。

因此，本书基于全球价值链的视角对黑龙江省装备制造业对俄产业合作模式进行研究。根据全球价值链、产业合作和战略决策等理论，本书提出了"产业特征定位—产业位势比较—产业合作模式选择"的黑龙江省对俄装备制造业产业合作模式选择过程模型，并基于这个理论链条，结合黑龙江省和俄罗斯装备制造业产业特征、进出口贸易额等数据，对黑龙江省对俄装备制造业产业合作模式选择进行实证分析。

本书研究结果显示：第一，黑龙江省和俄罗斯的装备制造业体现出的特征是：①黑龙江省制造业增加值与俄罗斯之间存在较大的规模差距，但是黑龙江省装备制造业的发展速度较俄罗斯更快；②俄罗斯装备制造业在贸易竞争力方面处于明显的弱势地位，电气机械及器材制造业和交通运输设备制造业对外需求较高，而黑龙江省电气机械及器材制造业和交通运输对外贸易竞争力较强，出口规模较大。第二，黑龙江省和俄罗斯装备制造业的产业位势比较特征是：①黑龙江省七大装备制造业加工贸易增加值位势情况存在较大差别；②黑龙江省各装备制造业之间的位势差异较大，波动较大。第三，黑龙江省对俄产业合作模式可以采用以下三种模式：①垂直产业转移合作模式，具体包括电气机械及器材制造业、

1

金属制品制造业和仪器仪表及文化、办公用机械制造业；②垂直产业协同和垂直产业转移合作模式，具体包括交通运输设备制造业、通用设备制造业和专业设备制造业；③垂直产业转移和垂直产业协同合作模式，采用此合作模式的是通信设备、计算机及其他电子设备制造业。

本书揭示了全球价值链视角下产业特征刻画与比较和产业合作模式选择的一般规律，提出基于全球价值链视角立足于黑龙江省对俄产业全球价值链特征与产业合作模式匹配关系，并基于宏观、中观和微观层面对黑龙江省装备制造业对俄产业合作模式构建与实施，可以为黑龙江省对俄装备制造业产业合作提供理论支撑与实施建议。

目　录

第一章　概　述

第一节　研究背景

改革开放以来，中国从一个经济封闭、信息闭塞的国家发展成为世界第二大经济体、世界贸易组织成员国，被世界公认为经济发展中的"奇迹"。20世纪70年代以后，随着经济全球化和信息技术的迅速发展，全球范围内的国际分工越来越细化和清晰，全球价值分工体系也越来越成熟，中国制造业行业发展日益迅猛。在制造业发展初期，中国在全球价值链分工体系中凭借自身生产要素不可取代的优势，成为了"世界工厂"。中国通过加工代工的方式融入全球价值链体系中，随着改革开放的进一步深化，西方的"去工业化"使大量的资金流入中国，中国凭借自身人力资本以及资源要素的优势，充分利用人力禀赋及资源丰富的比较优势，将优势融入产品加工、组装等环节，善于发现自身的优势，将自身低成本的长处发挥到极致，大幅度提高了国际竞争力，同时也促进了经济的可持续发展。

1. 基于全球价值链视角的产业合作模式是经济合作模式的重要表现形式

在经济全球化与一体化不断推进和中国"一带一路"倡议实施的双重作用下，未来一段时间内中国与"一带一路"沿线国家和地区的经济合作将成为中国经济发展的主要驱动力与组成部分。区域经济一体化成为当今世界经济发展的重要模式，区域经济一体化进程步伐加快，区域间的各种要素流动日益加快，产业转移的速度也日益增强，经济的相互依存关系也逐步加深，区域经济合作的发展对世界经济格局产生了至关重要的影响，区域经济合作作为改革开放和完善市场经济体制的重要手段，将成为未来我国经济社会发展的新趋势、新动力。区域经济合作是指两个或两个以上的国家或地区，它们之间地理区域比较接近，为了维护彼此的经济和政治的共同利益，通过共同签订双方认可的政府条约或协定，来共同制定相关的政策，也可以通过建立各国的政府联盟，来共同调节长期而稳定的经济环境。

产业是经济的中心，产业合作就是区域经济合作的中心，区域经济合作最主要的实现形式就是产业合作。自 20 世纪 90 年代以来，在信息技术的推动下，经济全球化的进程使全球的产业加速转移与合作，在这种新的经济环境下，产业合作模式也出现了新的态势和情景，主要表现在两个方面：一方面，全球化的竞争模式已经由单纯的企业间竞争模式演化为全球产业链间的竞争模式，试图在国际产业分工中扮演更重要的角色，而产业链最主要的表现形式就是全球价值链；另一方面，在中国经济新常态的背景下，经济由高速增长转变为中高速增长，经济结构急需优化升级，即从要素驱动、投资驱动转向创新驱动，在这种情况下，中国的产业合作模式要基于全球价值链视角，与周边国家和地区所进行的产业合作，由过去的投资导向转变成产业结构调整、转型与升级导向。基于全球价值链视角，通过区域经济合作提升自身经济实力是产业经济合作的重要实现形式。

2. 基于全球价值链视角，实施"再工业化"战略，抢占世界产业链的制高点

在国际金融危机的打击下，人们逐渐认识到，"去工业化"不仅削弱了一国制造业的国际竞争力，也对国内就业产生了消极影响。30 年来发达国家过分重视虚拟经济，轻视实体经济，导致全球经济与产业结构的整体失衡。经济危机促使人们反思发达国家的去工业化政策。美国等发达国家已经再次认识到制造业是经济活力的根本，金融等服务业需要强大的制造业作为支撑，这些国家重新将制造业作为发展经济的重中之重，逐步改变经济过分依赖服务业尤其是金融服务业的局面。纷纷提出"再工业化"战略，大力发展制造业产业，推进"再工业化"战略成为发达国家调整产业结构的重要措施，积极抢占全球产业价值链的战略制高点。所谓工业化，通常被定义为工业，特别是制造业，在一个国家的国民生产总值中的比重在不断上升，同时工业就业人数占总体的就业人数比重也呈现不断的上升趋势。

唐晓华等（2011）认为发达国家出现了"再工业化"浪潮。2009 年，美国前总统奥巴马提出，为了使美国经济稳定持续的发展，美国需要重振制造业，吸引美国在海外的制造基地回迁，鼓励企业家们把制造业产业重新转移到美国，重新提起对国内工业尤其是制造业发展的重视。2012 年第一季度，日本政府发布的报告表明，为了解决日本贸易赤字的趋势性因素，日本政府需要重点扭转产业转移造成的工人就业和制造业产业空心化问题，扭转制造业的流失局面将作为未

来经济政策的重点。2011 年，英国政府多次发表制造业产业的发展战略，提出了制造业五大竞争策略：①占据全球高端产业价值链；②加快技术转化成生产力的速度；③增加对无形资产的投资；④帮助企业增加对人和技能的投资；⑤占领低碳经济发展先机。2009 年，德国政府提出了"启动新一轮工业化进程"的计划，该计划表明要重新振兴传统的制造业，并且有选择和有目的地转移传统产业，同时发展新能源等高新技术产业。

实施"再工业化"战略，不是简单地回归到"工业化"和"去工业化"阶段，也不是简单地把制造业产业重新回迁，而是通过信息技术、互联网、智能化来发展高端制造业，实现产业结构的转型与升级，重构制造业产业链，打造高附加值的高端制造业，使制造业在全球价值链视角下，处于产业链和价值链的顶端，抢占世界产业链的制高点。发达国家实施的"再工业化"战略，形成了以智能技术、纳米技术、云计算技术、3D 打印为代表的新兴产业技术的制高点，从而有效地促进传统产业转型升级，淘汰落后产能，使经济始终保持可持续增长的活力。2013 年，德国政府推出了"德国工业 4.0 战略"，实现智能化国际高端制造业的发展新方向；2013 年，英国政府提出"英国工业 2050 战略"，通过颁布优惠政策来鼓励高端制造业迁回本土。发达国家的"再工业化"战略为国际产业格局调整带来了新契机。

3. 中国经济"新常态"下的产业转型与升级

自 2012 年以来，我国经济发展的显著特征就是进入新常态，我国经济发展的速度呈现逐年回落的状态，40 多年经济高速发展的弊端逐渐显现。在新常态下，我国经济的发展主要呈现以下特点：①经济增长速度逐步放缓，主要从高速转向中高速，而传统的经济发展由速度规模型粗放增长方式逐步转向质量效率型集约增长方式；②经济结构优化升级，从增量扩能向调整存量和做优增量的方式转变；③经济发展动力从传统的依靠资源和低成本劳动力向创新驱动方式发展，即由要素驱动、投资驱动逐步转向创新驱动，经济增长动力更加多元化；④政府大力简政放权，进一步释放和助力市场活力。

经过 40 多年大规模、高强度的开发和建设，中国传统产业已经相对饱和，供给能力严重超出需求。此外，在劳动力成本上涨、原材料价格上涨、环境约束加大等因素的影响下，传统产业转型升级所面对的困难与压力是前所未有的。低端制造业高耗能、高污染、高成本的发展模式，使资源消耗严重、利润微薄；而高端制造业面临创新不足、核心技术缺乏等问题。造成了产业效率低、竞争力弱、集约程度低、可持续发展能力不足的现象。在这样的背景下，中国经济发展也处于转型升级的关键时期，如何更广泛、深入地加入到经济全球化和区域一体化的进程，也就是说，在全球价值链视角下，中国如何确定自己在全球化产业链的位置？哪些产业或者产业环节可以转移到其他国家或者地区？哪些产业或者产业环节应该扎根于本国或本地区？因此，基于全球价值链视角，中国的产业经济正在向形态更高级、分工更优化、结构更合理的产业转型与升级的态势发展。

4. 我国装备制造业的发展现状与产业合作模式

自 2001 年中国加入世界贸易组织（WTO）后，其凭借得天独厚的劳动力资源优势，积极地融入到全球价值链生产体系中，并取得了举世瞩目的成就——中国成为著名的"世界工厂"。从全球价值链产业分工看，中国一直处于全球化价值链中低附加值环节。发达国家主导着全球价值链的产业分工，凭借着技术、资本等优势，将价值链中处于较为低端的劳动密集型产业及产业环节转移到包括中国在内的发展中国家，将处于价值链中高附加值的产品研发以及最核心的技术保留在发达国家。中国要想在国际竞争中提升自己的竞争力，必然要提高中国产业在全球价值链中的分工地位，摆脱自身依附于发达国家上游产业链，处于全球价值链低端环节的困境。因此，研究中国产业在全球价值链中的合作模式成为一个具有重要现实意义的问题。

装备制造业被喻为"工业化之母"，是为国民经济和国防建设提供生产技术和装备的制造业，是制造业的脊梁。既是我国国民经济的支柱性产业和现代工业体系的支柱，也是推动产业转型升级的引擎。装备制造业体现了一个国家的综合国力、科技实力和整体工业的国际竞争力。随着全球制造业发展格局的深刻变化，中国装备制造业总产值呈上涨趋势，成为装备制造业大国；但在全球价值链视角下，其一直处于低技术含量的生产环节，形成全球价值链条中"低端锁定"的困境。

党的十九大报告，针对中国制造业的发展提出了最新要求，这也是中国制造业将从大变强的具体表现。报告中提出要把经济发展的重点放在经济实体上，要促使我国产业向全球价值链的中高端转移，并打造世界级的制造业产业集群，这意味着中国制造业将要迎来大的变革。在中国装备制造业的发展上，我国要提升创新意识，积极推进信息与工业产业的一体化进程，实现我国装备制造业在全球价值链上向高附加值的产业环节升级与转移。

在经济全球化和一体化的背景下，我国装备制造业应抓住"一带一路"倡议的历史机遇，基于全球价值链视角，通过区域经济合作与周边的国家和地区进行产业合作。在区域产业合作中，产业和产业之间并不是简单的区域或产业的互通，而是要实现共赢，如何实现共赢就涉及不同的产业合作模式。在全球化背景下，在装备制造业的产业合作中，现阶段的全球化分工不再是简单的产业与产业的分工或者产业内部之间的分配，而是不断地将分工深入到产业内部，同时产业之间的竞争也发生了变化，已不再是企业之间的相互竞争，而是演化到了产业链之间的不断竞争。在这种新的产业合作模式以及新的竞争态势下，产业合作不仅仅依赖于资源禀赋或比较优势等，还需要基于全球价值链理论进行产业合作。同时，在中国经济大环境下，装备制造业面临着转型与升级，其产业合作必将摆脱过去的投资方式，逐渐向产业结构转型、调整以及升级方向转变，在这种新的情景下，产业合作模式同时也会随着产业合作方式的改变而发生新的变革，一方面需要考虑区域经济在全球价值链产业中的位置；另一方面也要考虑产业合作模式。基于此，本书从全球价值链入手，研究装备制造业的产业合作模式选择。同时，考虑到黑龙江省对俄产业合作在中国内地与周边国家和区域经济合作的重要地位，因而选择黑龙江省对俄产业数据进行实证研究。

第二节 研究目的和意义

一、研究目的

本书的研究目的是基于全球价值链视角，系统地分析黑龙江省装备制造业对俄产业合作的几种模式，探寻适合黑龙江省省情的装备制造业对俄产业的合作模式和路径。根据全球价值链、产业合作和战略决策等理论，本书提出了"产业特征定位—产业位势比较—产业合作模式选择"的黑龙江省对俄装备制造业产业合作模式选择过程模型，并基于这个理论链条，结合黑龙江省和俄罗斯装备制造业的产业特征、进出口贸易额等数据，对黑龙江省对俄装备制造业产业合作模式选择进行实证分析。

借鉴其他省份与其他国家之间的合作模式经验，提出黑龙江省装备制造业对俄产业合作模式的最优选择及合作发展对策，为对俄产业合作模式的改革发展提供理论依据。运用定量与定性相结合的方法分析了黑龙江省装备制造业对俄产业合作模式，全面比较了黑龙江省与俄罗斯装备制造业的位势，并基于全球价值链的视角，提出黑龙江省装备制造业对俄产业模式的指导性对策。

运用全球价值链、产业合作模式、装备制造业、产业集聚、比较优势、产业合作模式等理论，对装备制造业的相关概念和产业合作的三种模式进行界定，分析了二者之间进行产业合作模式的发展路径及最优化模式选择，并且运用定量分析方法建立模型，对黑龙江省对俄的产业和合作模式进行评价和分析，提出对策性建议。

二、研究意义

1. 理论意义

随着经济全球化和一体化的持续推进，在我国"一带一路"的大背景下，笔者将理论法和实证法结合在一起，在国内外学者前沿研究的基础上，针对黑龙江省装备制造业对俄产业合作模式进行了深入研究和探讨，得出了更完善的结论。笔者充分运用了产业集聚、比较优势、产业合作模式、全球价值链等相关理论及模式，借鉴国外产业合作模式的成功经验，运用于黑龙江省对俄产业合作的实践中。从理论角度，提出了黑龙江省装备制造业产业结构、黑龙江省对俄产业合作模式存在的问题，拓展了产业合作理论和全球价值链理论在黑龙江省装备制造业对俄合作中的应用广度和深度，因此，本书的研究具有积极、持续发展的理论意义。

基于全球价值链视角，对黑龙江省装备制造业对俄产业合作模式选择进行研究，一方面可以对产业合作模式选择提供一个科学合理的决策视角；另一方面也是对产业合作模式选择理论的拓展。

2. 现实意义

党的十九届四中全会提出的"健全推动发展先进制造业"将制造业产业的发展问题摆在了重要位置。黑龙江省作为东北老工业基地之一，与俄罗斯相邻，制造业对俄产业合作模式更是成为了焦点。本书从理论分析和实证检验角度深层次分析了黑龙江省装备制造业对俄产业合作模式，更加清晰地研究了全球价值链、产业合作模式等理论支撑，找到了阻碍黑龙江省对俄产业合作的制约因素，在分析影响因素的同时，挖掘深层次的产业合作模式，促进装备制造业的可持续健康发展。黑龙江省装备制造业和俄罗斯装备制造业之间的发展模式既有相似之处又有不同之处，本书研究分析了产业合作的不同模式，提出了基于全球价值链视角黑龙江省装备制造业对俄产业合作模式发展的对策建议，研究结论可以扩展及推广，对促进装备制造业的发展具有很强的现实意义。

本书立足于黑龙江省的装备制造产业，对黑龙江省装备制造业对俄产业合作模式进行研究，是对全球价值链视角下产业合作模式选择在黑龙江省对俄合作情境下的应用，具有一定的实践价值。

第三节 国内外研究现状及评述

一、全球价值链理论研究

1. 全球价值链理论的形成与发展研究

全球价值链是指从产品设计（研发）、生产、销售到售后服务的一系列价值创造和增值活动，是全球范围内的动态组织形式和价值分配机制。全球价值链理论有两个基本命题：一是经济全球化是由发达国家中的跨国公司所主导，受海外投资和离岸外包活动所驱动。主要是为了占据更大的全球市场，降低生产成本，增强核心竞争力。二是基于全球价值链的视角，发展中国家的企业在参与全球经济活动中，学习到一定的知识、能力及附加价值，并向全球价值链的高端环节前进，进行全球价值链的产业升级。这种基于全球价值链的产业升级会受到发达国家领先企业的网络力量的影响和限制，所以发展中国家需要找到可以持续提高其全球价值链地位的方法和方式。基于此，基于全球价值链的理论，通过"自上而下"和"自下而上"两个角度对全球产业进行综合评价。

在短短几十年内，全球价值链理论，从提出到现在已经形成了一套相对完整的理论体系，成为一门新兴理论学科，受到了来自国内外学者的普遍关注。20世纪80年代，Porter 和 Kogut 最早提出和发展了全球价值链理论。Porter（1985）提出企业的价值创造过程由基本活动和支持性活动组成，基本活动涉及企业生产、销售、进料后勤、发货后勤、售后服务。支持性活动涉及人事、财务、计划、研究与开发、采购等，基本活动和支持性活动构成了企业的价值链。Porter认为在价值链上存在着"战略环节"，也就是说，并不是每个活动环节都会创造价值，只有一些环节和价值活动才能创造真正的价值。企业要想保持和发展其核心竞争力，就要相应地保持其价值链上战略环节的优势。

Kogut（1985）在价值链的理论基础上进一步发展了其概念，他将价值链的概念扩展到区域层面和国家层面，Kogut 认为在不同价值链的环节上，不同区域与国家具有不同的竞争优势，这些区域与国家在价值链上的位置决定了其在价值链环节上的比较优势，这种竞争优势决定了一个区域或一个国家企业的竞争能力。同时，Kogut 提出企业的竞争优势是由国家比较优势与企业竞争能力的关系所决定的。通过上述分析，我们发现 Porter 更加强调的是单个企业竞争优势在价值链上的比较，而 Kogut 的理论是基于经济全球化背景以及垂直分离化的特点，这对全球价值链理论的形成起到了至关重要的作用。

克鲁格曼在 20 世纪 90 年代探讨过企业将内部各个价值环节在不同地理空间进行配置的能力问题，使很多研究学者开始关注价值链中治理模式与产业空间转移之间的关系。此后，阿尔恩特和凯尔科斯提出生产过程在全球的分离是一种全新现象，这就使同一价值链条的生产过程的各个环节通过跨界生产网络被组织了起来，这一跨界网络可以是在一个企业内部完成，也可以由许多企业分工合作完成。

20 世纪 90 年代之后，为了将价值链理论直接连接到全球经济或产业组织中，美国杜克大学的 Gereffi 教授（1999）提出了全球商品链（Global Commodity Chain）的框架，这一概念的提出将价值链与全球化的组织联系在一起，同时对生产者驱动和购买者驱动的商品链进行了比较研究。但是这一概念没有强调链条上企业相对价值创造和价值获取的重要性，为摆脱商品一词的局限性，到了 21世纪初，Gereffi 及该领域的众多研究者用全球价值链取代全球商品链，从此，正式提出了全球价值链的概念。2000 年，由意大利贝拉吉尔国际研讨会组织，成立了全球价值链研究团队以及联合国工业发展组织，他们所提议的《2000-2003年度工业发展报告——通过创新和学习来参与竞争》正式确定了"全球价值链"的概念。

Mulu Gebreeyesus 和 Tetsushi Sonobe（2012）以埃塞俄比亚的花卉产业为切入点，研究了花卉产业出口过程中全球价值链和市场的形成过程。John Ravenhill（2014）对全球价值链理论进行梳理，探究了全球价值链理论的发展过程。Ruey-Wan Liou 等（2016）通过全球价值链的方法，探析了中国大陆与中国台湾的贸易关系。Reichert（2020）基于全球价值链视角，通过对马来西亚电子工业发展现状的描述，探析了马来西亚电子工业发展转型的路径选择。

2. 全球价值链的升级研究

全球价值链的重要理论概念之一是研究"由下至上"的价值链升级，这一概念主要涵盖了国家、地区及其他利益相关主体，并提升了这些利益主体在其全球经济地位中的重要性。Gereffi（2005）提出，全球价值链升级是指各个企业、国家或地区提高和发展其在全球价值链上的附加值环节，并从全球经济中获得了利润和增加值等利益。全球价值链的升级主要分为进口原料加工、原始设备制造、原始设计制造以及原始品牌制造，Gereffi（1999）提出了企业价值链的升级路径，沿着加工制造—原始设备制造—原始设计制造—原始品牌制造这一逻辑链条进行价值链路径升级。但对企业来说，这一升级模式存在许多限定条件，包括制度政策、企业战略、技术和劳动技能等。Humphrey 和 Schmitz（2002）在此基础上提出了四种升级模式：①生产工艺升级；②产品升级；③功能升级；④价值链升级或跨部门升级。这里需要强调的是，企业最容易实现的升级方式是工艺升级和产品升级，它们对企业要求的能力比较简单。而功能升级与价值链升级一方面要求更强的企业能力，另一方面它们触动了产业主导者的利益，因此会给企业升级带来更艰难的挑战。

以 Porter 提出的价值链理论为基础，Kogut 和 Gereffi 等对价值链理论不断进行深化，价值链理论的发展先后经历了价值增加链（Value-added Chain）—全球商品链（Global Commodity Chain）—全球价值链（Global Value Chain）理论。全球价值链理论认为，完整的生产活动包括设计、技术研发、生产、销售和售后服务等基本环节，参与到生产活动中的人、物品和服务共同构成了全球价值链的整体。全球价值链中各个环节创造的价值量是不一样的。在产品的设计和研发环节，需要投入大量的研发资金、专业设计人员和研发人员。对于生产环节，需要投入大量的劳动力进行加工和组装，一般不需要复杂的技术和太多的资本。而品牌、销售和售后服务等环节，对高素质专业人才的需求很大，如职业经理人和高级顾问等。图 1-1 表明了这些环节所产生的附加价值以及在全球价值链中所处的地位。

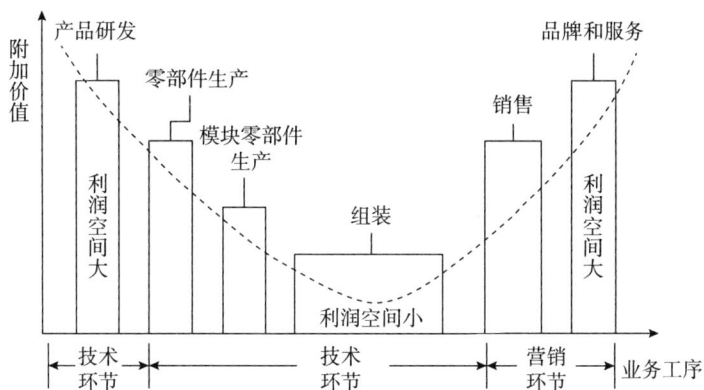

图 1-1　全球价值链视角下的微笑曲线

价值链的高附加值环节是指在设计、研发、营销及售后服务环节上，它们都具有高投入、高回报的特点，并创造了较高的附加值。而在生产和组装环节上，对技术要求并不高，同时创造的附加值也较低，它们处于价值链的低端环节，被称为价值链的低附加值环节。占据价值链高附加值环节的企业，会从事技术密集或资本密集型行业，占据产品研发、设计、品牌运作及营销管理等环节；而占据价值链低附加值环节的企业，会从事劳动密集的委托组装（OEA）或代工生产（OEM）等环节。

关于全球价值链的研究，目前学者们更关注于全球价值链的治理和产业发展问题，这其中包括产业升级与产业合作。基于全球价值链来看待全球的经济活动，就不能从某个企业的视角看问题，而是从整个链条各个环节和支撑体系之间的视角看问题，全球价值链是一个系统解决产业发展问题的理论框架，这与目前产业集群的研究目的基本一致。

二、产业合作及产业合作模式研究

1. 产业结构演变规律研究

关于产业结构，一些西方学者往往对产业结构优化问题研究得较少，而对产业结构的演进规律有着较深的研究。"霍夫曼定理"开辟了学者们对产业结构的研究之路。霍夫曼（1931）通过对工业产业结构发展过程中的研究，探析了消费品工业净产值与资本品工业净产值之间的比例不断下降的趋势。Lewis（1954）研究了产业结构与就业之间的关系，他认为，随着现代经济不断发展，劳动力剩余会有一个流动趋势，即从农业部门向现代经济发展部门流动，这意味着产业结构的变化会潜移默化地影响就业选择。Simon Smith Kuznets（1941）提出了库兹涅茨曲线，通过对比发展中国家与发达国家之间的相互依赖关系，以及国民人均收入在经济增长中的变化，探讨了产业结构的变化。N. S. Siddharthan（1984）研究了包括产业结构在内的现有结构的治理问题，其考虑的变量主要是价格，同时讨论了熊彼特关于技术变革、产业结构和产业发展理论，分析了产业结构和企业行为对产业绩效的影响，提出了统计检验假说，最后提出了政策性建议。

Masatake Wada（2003）分析了代表性国家的产业结构，阐述了经济转型下产业结构的变化历程。Bertine 等（2004）通过对 39 个国家 1960~1990 年的面板数据进行模型分析，发现了经济增长与城市集聚之间呈现了先下降又上升的"U"型关联。

Qin Jin 等（2014）基于一般均衡模型方法，分析了我国产业结构与土地利用结构的关系。通过对 2010~2020 年我国 31 个省份产业结构与土地利用结构关系的情景分析和预测，发现各省第二、第三产业所占的比例每年递增，农业比重呈现下降趋势，这表明中国的产业结构正在发生着改变。Alessandro Barattieri、Ingo Borchert 和 Aaditya Mattoo（2016）探讨了政策性措施以及产业结构对服务业国际并购产生的影响，结果表明，服务业国际并购政策的影响依赖于国家，同时产业结构也会对服务业并购产生影响。Peter Temin（2019）以 20 世纪 70年代的贝尔体系为切入点，讨论了政府行为的驱使因素，并回顾了从石油工业到金融和房地产等各种大型工业的税收减免历史，探析了税收与产业结构之间的关系。

Li Xu 和 Junlan Tan（2020）利用广义最小二乘法和空间计量法，使用 2009～2018 年省级面板数据对产业结构、金融发展和自然资源利用效率三者之间的关系进行了实证分析，研究发现，在经济不断发展的同时，产业结构对自然资源利用效率有负面影响，但其显著性水平和弹性系数较低。中国的产业结构虽然比过去有所改善，但重心仍然是重工业企业，这种以重工业为主体的产业模式对自然资源的使用效率产生了负面影响。

2. 产业结构优化升级的研究

产业政策的制定是产业研究的最早起源。后来随着国外产业经济学兴起，对产业结构的研究也越来越受学者重视。根据文献的梳理，产业结构研究大致分为三个方面：①产业结构与经济增长；②产业结构优化与合理化研究；③产业结构升级的影响因素研究。

（1）产业结构与经济增长。

关于产业结构，学者们往往将研究重点放在了产业结构的改变与经济增长之间的关系。刘伟等（2002）通过对中国经济的实证分析，提出中国经济只有通过提高第一产业和第二产业的效率才能实现增长。胡晓鹏（2004）通过研究经济增长系统演进的外生和内生路径，表明只有提升经济增长系统才能发展国家的重心。纪玉山等（2006）使用 1978～2003 年的时间序列数据进行实证研究，提出产业结构演进与经济增长之间具有高度的正相关关系，同时分析结果验证了"克拉克定律"的正确性。李延军（2007）使用协整理论和误差修正模型，通过实证研究分析了河北省经济增长与产业结构之间的互动关系，得出产业结构与经济增长之间呈现长期稳定的协同互动关系的结论。也就是说，经济增长可以促进产业结构调整，同时第二产业和第三产业也能促进经济增长。张艺影（2008）发现经济增长和国民人均收入的提高会直接或间接推动产业结构变动。

汪浩（2010）通过计量经济学方法，以安徽省为研究对象，研究结果表明，产业结构的变动与经济增长之间存在长期稳定的均衡协同关系，产业结构的调整能够提升经济增长的水平。张连城（2014）使用灰色关联分析方法，测算了我国产业结构与经济增长的关系，研究结果表明，我国产业结构与经济增长之间具有关联程度，为调整、优化产业结构和实现经济增长提供了对策与建议。罗永恒等（2015）运用 VEC 模型，研究了国内投资和产业结构，以及经济增长之间的动态关系。研究结果表明，国内投资、产业结构和经济增长之间存在着长期的动态关系。投资和产业结构的调整与经济增长有着明显的关系，具体来说，产业结构调整对经济增长有着负面影响。因此，一方面，产业结构调整会引起经济和国内投资增长；另一方面，投资增长也会引起产业结构的调整。

（2）产业结构优化与合理化研究。

刘伟等（2008）通过要素生产率对技术进步和产业结构变化进行了分解，通过实证研究，表明了产业结构变化对我国经济增长的作用。同时研究还表明，结构变化的弱化效应并不意味着市场化改革的效益会消失，一些发展和制度因素仍然会限制资源配置效率的提高。蔡志洲（2008）根据历年的投入产出数据，分析了 1992 年以来我国中间消费水平的变化趋势。通过三个产业部门的直接消费系数矩阵和中间需求消费矩阵的时间序列，研究了技术进步、产业结构变动、价格变动要素对国民经济中间消费水平的影响。研究结果表明，这一时期，技术进步有助于降低国民经济的中间消费水平，提高经济增长效率，但由于价格关系的变化和中间消费水平较高部门比重的增加，当前价格所反映的整个国民经济中间消费率有所上升。

刘伟等（2008）通过研究我国 30 年来的产业结构变化趋势，研究结果表明，第一产业比重下降、第二产业比重逐步下降后又重新开始提高、第三产业比重稳步提升。提出通过制度创新和技术进步来促进经济增长、保持经济持续增长的重要措施。干春晖等（2011）基于产业结构合理化与高级化理论，构建了产业结构变化与经济增长的计量模型。分析结果表明，产业结构合理化对经济增长具有明显的阶段性影响。具体来说可以反映为不可预测的周期性波动。因此，产业结构合理化比产业结构升级对经济发展的贡献更大。余典范等（2011）运用静态结构分解技术，将产业结构分解成三个部分，分别为乘数效应、反馈效应和溢出效应，并通过我国 51 个产业的投入产出表进行分析，结果表明，产业结构中的乘数效应、反馈效应和溢出效应的重要性依次递减。因此，本书提出优化产业关联是提升我国产业转型的关键。

何平等（2014）基于产业结构升级和产业结构优化理论来分析"十一五"期间我国产业结构的优化进程。其研究结果说明，我国产业结构合理化进程不显著，但其高度化进程明显。因此，本书提出高度重视经济结构调整和增长方式的转变。徐敏等（2015）通过空间面板计量经济模型，基于时间维度和区域差异来研究产业结构升级对城乡消费差距的影响。研究数据表明，我国城乡之间的消费存在着显著的差异化，在不同的时期与区域，产业结构升级会缩小这种城乡之间的消费差异化。

（3）产业结构升级的影响因素研究。

陈飞翔（2001）提出在当今开放经济的情境下，国民经济的增长与结构变迁之间存在着正相关关系。也就是说，对外开放会直接影响产业结构的变化。在经济全球化的发展下，我国应该进一步对外开放经济，加速产业结构的战略重组，实现我国国民经济的稳定发展。崔茂森（2004）对产业升级问题进行了深入的研究，发现产业结构低级化制约了我国经济的发展，同时提出为了经济增长要进行制度与技术创新，这也是产业升级的核心要素。刘亚娟（2006）提出外国投资对我国的经济以及产业结构升级有着很大的影响。因此，通过分析改革开放以来的历年数据，研究外国投资对我国三次产业所带来的影响以及产业结构变化的影响。

刘芳等（2009）提出产业结构的调整、优化和升级对我国经济发展至关重要。通过层次分析法，对我国的产业结构影响因素进行了定量分析，研究结果表明，技术创新是产业结构调整的关键因素。周孝坤（2010）使用我国1978～2008年的数据进行了实证分析，通过格兰杰因果检验来研究我国产业结构升级与科技投入、金融深化之间的关系。研究结论表明，第一，金融深化是产业结构升级的格兰杰原因；第二，产业结构升级不是金融深化的格兰杰原因；第三，科技投入会促进产业结构升级；第四，产业结构的升级会促进科技投入。潘颖等（2010）运用协整理论和格兰杰因果关系，根据1990～2007年的数据，对直接投资与国内产业结构升级之间的关系进行了深入研究。数据分析表明，从长期的角度看，对外直接投资能促进产业结构升级。

李刚等（2011）基于计算购买力的行业数据，研究了我国2000～2009年的产业结构，其结果表明，制造业的发展是我国产业升级的重要方向以及产业政策的重点支持对象。同时还指出，我国的比较优势到目前为止，还是劳动密集型产业。陈时兴（2011）以1982～2010年的产业结构升级为样本，针对金融支持产业结构升级进行了计量研究。分析的数据表明：①中国信贷融资与产业结构升级之间、证券融资与产业结构升级之间都存在着短期波动以及长期均衡关系；②信贷融资和证券融资都是产业结构升级的格兰杰原因。因此，本书认为，共同推进信贷融资和证券融资，在促进产业结构优化升级的过程中起到了积极作用。

何娣（2012）以服务外包对产业结构升级的影响为基础理论，把资本积累、人力资本和技术进步作为三个中介变量，利用"中介效应"检验方法，对我国1997~2010年的数据进行实证研究，分析服务外包对产业结构升级的影响和程度。最后得出的结论是资本积累、人力资本和技术进步具有显著的中介效应。郭宁（2014）指出通货膨胀对我国产业结构升级有一定程度的影响，并探讨在我国长期处于通货膨胀的情境下，我国的产业结构升级策略。茅锐（2015）主要研究了产业集聚与企业融资约束问题之间的关系，通过构建理论模型发现，发展产业集群、建立完善的资产抵押制度、深化金融改革才是解决企业融资约束的关键。郭旭红等（2016）在我国经济新常态的情境下，深入研究我国产业结构升级中所遇到的问题，并提出了有利于产业结构调整的因素以及加快产业结构调整升级的对策与建议。

3. 产业集群理论研究

Marshall（1890）提出了规模经济效应是源自《经济学原理》中所提到的工业集聚现象，从这一现象看，规模经济被分为两类，一类属于外部规模经济，是指产业外部发展的规模，并与地区性集聚有着很大的关系；另一类属于内部规模经济，是指企业内部资源使用效率和组织管理效率。

Weber曾将产业集群分为两个阶段，第一阶段为产业集中化，指企业在规模方面的扩张；第二阶段为地方性集群效应，指依靠大企业使组织集中于某一区域，形成同类型的企业聚集。同时，他还将产业集群分成四个方面的发展因素：第一，劳动力组织的发展；第二，技术设备的发展；第三，市场化因素；第四，节省经常性开支成本。

Porter（1998）明确提出竞争导致了产业集群，竞争力较高的产业集群是由于竞争者的进入，使产业集群维持并保持增长，同时有助于提升产业和国家的竞争力。他还提出了产业集群的三点优势：①提高区域生产力；②指明创新方向、加快创新速度；③促进新企业的建立，扩大产业集群规模。

我国关于产业集群问题的研究主要集中在以下几个方面，①产业集群理论的综述；②产业集群的形成机制；③产业集群与企业竞争力；④产业集群升级。我国产业集群的代表人物及相关的研究主题，如表1-1所示。

表 1-1 我国产业集群的代表人物及相关的研究主题

研究主题	主要观点	代表性研究者
产业集群理论的综述	在对西方产业集群理论进行研究和评述的基础上，与我国实际情况相结合，对我国及各省区的产业集群问题展开了理论和实证研究	魏守华（2002）、徐康宁（2003）、杨洪焦等（2006）、尤振来等（2008）、贾文艺等（2009）、魏建峰（2010）、林欣美等（2011）、彭穗生（2013）
	根据产业结构、产业性质、产业关联、产业集群的驱动力对产业集群进行了系统分类	仇保兴（1999）、王缉慈（2001）、朱祖平（2005）、谢贞发（2005）
产业集群的形成机制	通过建立超边际分析理论模型研究了产业集群的形成机制，指出了产业集群的关键在于降低交易费用	张明林（2005）
	通过文献调研方法，对以往关于产业集群形成机制的研究进行了综述	甄艳等（2006）、李宏舟（2008）、冯卫红（2009）、董庚（2013）
	从成本角度分析了产业集群的形成机制	张洁（2013）
	通过实证分析研究论述了资源型产业集群的形成机理	刘媛媛等（2014）
	对战略新兴产业集群的形成机制进行了研究	张治河等（2014）
产业集群与企业竞争力	研究产业集群与企业竞争力提升的内在联系	张辉（2003、2005）、朱方伟（2004）、李俭峰（2005）
	使用 GEM 模型对相关产业集群的竞争力进行了实证分析	刘友金（2007）、刘国新（2010）、矫萍（2011）、陈锤（2014）、张祥等（2015）
产业集群升级	从全球价值链视角分析了产业集群的升级路径	王立军（2006）、朱建安等（2008）、左和平（2010）、王静华（2012）、董红荧（2013）
	从集群品牌、创新网络、集群外向度等角度研究了产业集群升级	刘珂（2008）

续表

研究主题	主要观点	代表性研究者
产业集群升级	阐述了产业集群升级的内涵，指出推进产业转移是实施产业集群升级的主要路径	孙华平（2011）
	提出了产业集群升级的公共政策框架	王传宝（2010）
	研究了突破"产业集群双重锁定"的产业集群升级理论	郑准等（2014）、龚凤祥（2014）
	指出产业集群促进了企业并购进而推动了产业集群升级	黎文飞等（2016）

资料来源：笔者根据中国知网（CNKI）搜索整理而得。

4. 产业转移理论研究

基于产业转移的基本理论研究主要有两个方面：一方面是从发达国家的产业转移角度出发；另一方面是从发展中国家承接产业转移的角度出发。

Akamatsu 是雁行发展理论的代表人物，他主要提出产业要结合国内资源禀赋，并按照国际经济环境来发展。同时，他提出了产业发展的两种模式：一是从国外进口商品，实现产业转移，在国内生产，之后进行出口；二是从产业环节的低附加值向高附加值转移和演进的模式。Vernon 是产品生命周期理论的代表人物，他提出产品生命周期可以分成三个不同的阶段：①新产品期；②成熟期；③标准化期。在这三种不同的阶段中，发达国家将标准化期的产业向后发达国家转移，在这之后，发达国家开始新一轮的产业和产品创新。

Lewis 是劳动密集型产业转移理论的代表人物，他的观点是将产业转移与比较优势联系起来，发展中国家在劳动力资源方面占有比较优势，这样可以承接来自发达国家的劳动密集型产业的转移。Kiyoshi 是产业边际扩张理论的代表人物，他的主要观点是对外产业投资应该优先考虑边际产业，同时根据国家竞争优势的演变规律，为保持国家的竞争优势，需要不断转移边际产业。Wells 是小规模技术理论的代表人物，他的主要观点是发展中国家具有经济规模小并且灵活的特点，这样可以充分利用市场小、规模小、需求多样化的特点来补充发达国家在这方面的欠缺，并且逐步实现发展中国家小规模技术产业的向外转移。

Lail 是技术地方化理论的主要代表人物，主要提出了后发国家一方面会接受产业转移；另一方面在产业转移的同时会吸收、融合、改进和再创新产业技术，进而形成新的产业竞争优势，之后，实现对外再次转移的模式。Cantwell 是技术创新升级理论的主要代表人物，他的主要观点是发展中国家的产业技术和对外投资呈相关关系，同时产业技术能力的提升与积累也会进一步影响国家对外产业转移的规模以及速度。

卢根鑫（1994）基于国际产业转移的视角，分析了国际产业转移的经济动因和效应；谭介辉（1998）基于国际产业转移大潮的视角，论述了中国由被动接受向主动出击的产业战略转变；刘辉煌等（1999）分析了国际产业转移的新动向，同时论述了我国产业结构调整时的新发展；周继红（2003）论述了我国新型工业化道路与国际产业转移之间的关系。

5. 产业竞争力理论研究

国际上的学者主要从三个角度研究产业竞争力理论：①产业绩效；②产业结构；③产业影响力。经过多年的发展，最终形成自己的流派与体系。谢勒基于SCP 理论解释产业绩效的优点和缺点。产业绩效的优点是能表明其因果关系；而产业绩效的缺点是一种逆向表现，也就是不能解释其因果关系。Porter 基于价值链理论，阐述了产业结构的动态性及产业进化的特征，并强调了产业主体的积极选择，通过利用其相对优势，提出产业国际分工要求。Leontief 根据产业扩散效应的五力模型，深入研究了产业影响力的系统观念，强调产业对一国整体发展目标的重要性。

迈克尔·波特（Michael E. Porter）开始通过"五力模型"（1980）和产业链理论（1990）来系统研究产业竞争力，1990 年，Porter 又提出了"钻石模型"，并用来系统分析产业竞争力。钻石模型通过对复杂数据和资料的分析与提炼，提出了一个国家的产业在国际竞争力中的六大竞争力因素：①要素条件；②需求条件；③相关及支持性产业；④企业策略、结构同业竞争；⑤政府；⑥机遇。Alan M. Rugman 和 Alain Verbeke（1993）等通过融入"SWOT 模型"的四因素分析机理，使"钻石模型"得以完善。邓宁（1993）通过引入跨国公司的商务活动变量，对"钻石模型"进行了批判和补充，这一修改后的模型被学术界定义为"波特—邓宁模型"。波特"钻石模型"如图 1-2 所示。

6. 产业链及价值链的理论研究

（1）产业链内涵的研究。

产业链的研究最早可以追溯到亚当·斯密（Adam Smith）的《国富论》中，"一件商品的生产是基于一系列分工的迂回生产链条"。这就形成了早期的产业链研究，主要分析企业内部生产与制造的分工活动。Marshall（1890）在此基础上，又进一步将企业内部的分工扩展到企业之间的分工，强调了企业间分工协作

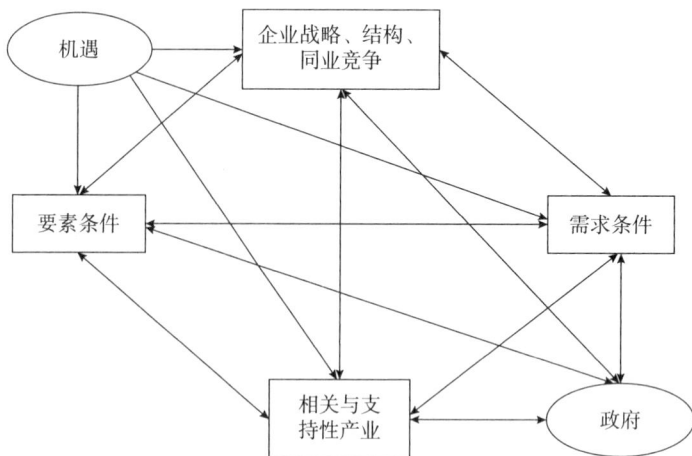

图1-2　波特"钻石模型"

的重要性。Hirschman（1957）在《经济发展战略》一书中，基于产业链向前和产业链向后联系的角度，论述了产业链的内涵。

价值链最早是由迈克尔·波特（Michael E. Porter）（1985）在《竞争优势》中正式提出的，他指出企业产品的环节可以用一条价值链来表示，这条价值链的活动由设计、生产、销售、运输及其他辅助环节构成，同时，这些相互关联的环节形成了在整个价值链条中不断价值增值的动态过程。Stevens（1989）、Harrison（1993）以及Fisher（1997）在这一概念的基础上又提出了供应链概念，主要指在供应商和顾客之间，通过计划、获得、存储、分销、服务一系列活动而形成的一种衔接。国内诸多学者如魏然（2010）、郑大庆等（2011）、宋盛洲等（2012）以及全诗凡（2014）等研究了产业链、价值链和供应链之间的关系，并对三者的概念进行了辨析。价值链理论是基于价值创造的微观视角来论述产业链中价值增值的机理；而供应链理论是基于企业管理视角来研究产业链中企业之间分工协作的内容与形式。

本书认为，产业链是基于不同的视角来研究供应链和价值链。基于此，广义的价值链应该包括商品链、供应链、价值链、技术链、空间链（见表1-2）。

表 1-2　广义产业链及其研究视角

研究视角		研究内容
产业链	商品链	从产品生产视角出发，研究产业链中从自然资源到中间产品、最终消费品的各个环节，通过分工来提升产业链效率
	供应链	从企业管理视角出发，研究产业链中企业间分工协作的内容与形式，以期通过提高供应流程的效率来降低成本
	价值链	从价值增值视角出发，研究产业链中每一环节的价值增值过程，通过满足消费者需求来使价值最大化
	技术链	从技术支撑视角出发，研究产业链中 R&D、设计、加工制造、物流运输、营销等各个环节的技术支撑，提升产品技术含量
	空间链	从地理空间分布视角出发，研究产业链中各个环节的地理分布，为产业链优化升级、提升竞争力提供支撑

（2）产业链升级的研究。

Amsden（1989）提出了新兴工业化国家产业链升级路径，主要是通过委托加工（OEM）、自主设计加工（ODM）和自主品牌生产（OBM）的进程演化而来的。Gereffi（1999）提出后发国家在委托加工（OEM）阶段前要经历委托组装（OEA）这一过程。Kaplinsky 和 Morris（2001）提出，产业链升级要经过四个阶段：①技术升级；②产品升级；③功能升级；④链条升级。Humphrey（2004）提出了产业链升级的程度、范围与过程是受企业治理模式所影响的。

侯铁珊（2004）提出了绿色壁垒对我国产业链升级形成了倒逼机制。芮明杰等（2006）提出了产业链的三维度模型，即产业链的知识整合、产品整合、价值模块整合。郑大庆等（2011）将产业链升级的影响因素总结成四类，分别为生产要素、产业管制、技术创新和相关产业及支持性产业。蒋兰陵（2010，2011，2012）基于配套产业链视角，提出外商直接投资对中国配套产业链产品升级是有利的。严北战（2011）通过分析产品链、价值链和知识链三个维度来探讨产业链升级的模式与路径。王艳秋等（2013）基于产业集群的视角来分析产业链升级问题。尚涛等（2013）基于技术能力来源与结构的视角来探讨我国代工生产企业的产业链升级机制等问题。徐建伟（2014）基于中国深度参与国际分工的视角来研究中国产业链未来的升级方向。

7. 产业合作模式研究

我国对于产业合作模式的研究较早且比较有代表性的是在 20 世纪 90 年代，

夏兴园和蔡玲（1995）通过分析中日经济技术合作的类型选择，探究了二者之间在产业合作中应该选取的模式类型。郭国庆等（2001）和李宪建（2015）通过对比中国台湾与大陆之间科技产业的发展模式，分析了二者之间产业发展的缺陷，得出了适合海峡两岸共同发展的产业合作模式。胡军和盛军锋（2002）以粤港产业合作为例，研究了"前店后厂"合作模式现状，总结了当时香港产业结构偏向于轻工业、技术水平较低等问题，粤港原始的合作模式逐渐消失，提出了粤港在产业合作层面上的政策性建议。

王文岩等（2008）从产业合作模式以及政府在合作中所起的作用等方面对产学研合作模式进行了归类并分析了每一类型的合作优势，提出了每个产学研合作模式的选择依据。陈飞和翁英英（2007）从广西区域经济合作模式入手，分析了"M"型区域在推进"M"型区域经济一体化的进程中，对形成产业集群和区位一体化的推动效果。王鹏（2005）分析了海峡两岸高科技产业的竞争力，提出了应该依据不同时期的发展需求，制定出合理的分工模式。向晓梅（2010）对产业合作的实现机制和合作方式进行了梳理，分析了产业合作模式的各自特点，以粤台产业合作为例，提出了推动粤台经济发展互利共赢的产业合作模式的选题。

孙东琪、朱传耿和张京祥等（2012）从省与省之间产业合作模式以及路径选择角度出发，以苏鲁两省间的产业合作为例进行了研究，并提出了两省产业合作发展的路径选择。李霖、郭红东（2017）基于河北、浙江410户蔬菜种植户的调查数据，将中国蔬菜产业组织模式分成了四种合作模式，分别是完全市场交易模式、部分横向合作模式、完全横向合作模式和纵向协作模式，采用BFG两步法模式和倾向得分匹配法等方式，分析了四种合作模式的优劣势。邬晓霞等（2016）以京津冀间的产业合作模式为切入点，提出了三地之间三种产业协同发展模式，比较了三种模式的各自特点，提出了推进三地之间产业协同发展的建议选择。李树（2015）将政府与市场的作用融入到了产业合作的发展模式中，将合作模式划分为三种，分析了适合我国环保产业发展中"政府与市场"合作模式的选择机制。

姜秉国（2013）从我国海洋领域的产业合作入手，分析了新兴产业国际合作模式选择的利弊，总结了适合我国海洋领域产业合作的最优模式。全毅和尹竹（2017）梳理了中国和东盟区域、次区域产业合作的模式，总结了中东合作机制和模式的创新特点，研究了二者合作应该的发展趋势和路径选择。孙春晓、李春艳和吴佳（2019）从实证角度探析了跨产业合作对创新绩效的影响因素，并提出了解决办法。苏燕（2020）从"互联网+教育"的视域，研究了电子产业园校企合作的现状，分析了存在的问题，并提出了持续性健康发展的路径选择。余晓钟和刘利（2020）借鉴了跨境产业园区的建设经验，结合"一带一路"能源产业特点，提出了构建"一带一路"国际能源产业园区合作模式。

三、中国装备制造业发展研究

改革开放40多年来，中国制造业经过高速成长，已经成为全球制造业第一大国，不仅实现了10%以上的产出年均增长率，在全球500种主要工业品中，其中已有220种产品产量雄踞榜首。但尽管如此，我国的制造业仍然面临大而不强的境地。当前我国经济发展进入了新常态的发展时期，而且我国的装备制造业正处在转型升级的关键阶段。同时，面对传统比较优势弱化和价值链低端锁定的现状，大力发展装备制造业，提升经济增长能力，成为我国有效提升全球竞争力的关键性问题。

（一）装备制造业的概念与分类研究

1. 装备制造业的概念

"装备制造业"是我国特有的概念，目前在世界的其他国家组织中并没有提出"装备制造业"这个概念。1998年，由于中央经济工作会议明确提出"要大力发展装备制造业"，这个概念第一次被正式提出来。对于装备制造业的概念，目前尚无公认一致的定义和范围界定。王海峰（2009）给出了装备制造业的概念，装备制造业又称装备工业，主要指资本品制造业，是为满足国民经济各部门发展和国家安全需要而制造各种技术装备的各制造工业的总称。刘瑞丽（2012）指出，装备制造业是为国民经济各部门再生产提供生产工具，满足国民经济发展和国家安全需要的各种技术装备制造业的总称。

李绍东（2013）认为，先进装备制造业是指采用先进制造技术，具有较强的国际竞争力，对经济增长和产业结构升级具有巨大的推动作用，注重资源节约和环境保护，为国民经济发展和国防建设提供技术装备的基础性产业。原国家发展计划委员会产业发展司对现代三次产业划分的定义为：装备制造业主要是指资本品制造业及相关的零部件制造。何宁（2017）指出，装备制造业是为国民经济进行简单再生产和扩大再生产提供生产技术装备的工业总称，被称为"生产机器的机器制造业"。装备制造业又称装备工业，主要是指装备制造业，是为满足国民经济各部门发展和国家安全需要而制造各种技术装备的产业总称。

随着技术的不断进步，有学者提出"高端装备制造"和"智能装备制造"的概念。《高端装备制造业"十二五"发展规划》指出，高端装备主要包括传统产业转型升级和战略性新兴产业发展所需的高技术高附加值装备。《智能制造发展规划（2016~2020 年）》指出，智能装备是指具有感知、分析、推理、决策、控制功能的制造装备，它是先进制造技术、信息技术和智能技术的集成和深度融合。

2. 装备制造业的分类

练元坚（2001）提出，根据产品的知识含量和技术难度，将装备分为五种类型：①通用类装备；②基础类装备；③成套类装备；④安全保障类装备；⑤高技术关键装备。第一类装备是通用类装备，也被称为一般性装备，主要是指传统的机械制造类产品，如机泵阀、建筑机械、运输机械、工程机械及农业机械等；第二类装备是基础类装备，也被称为装备制造业的核心，主要指机床、模具、量具、仪器仪表、工具、基础零部件及元器件等，同时从广义的角度讲，还包括基础技术和基础材料；第三类装备是成套类装备，通常指生产线等；第四类装备是安全保障类装备，通常指尖端科研设备、新型军事装备以及保障经济安全的关键性设备等；第五类装备指高技术关键装备，也被称为前沿性核心装备，如超大规模集成电路生产中的硅片切抛、镀膜光刻、单晶拉伸、封装测试等核心技术设备。

邹十践（2002）提出装备制造业主要包含三个方面：第一，包含重大先进的基础机械，也被称为制造装备中的装备（工业的"母机"），如计算机集成制造系统（CIMS）、柔性制造系统（FMS）、柔性制造单元（FMC）、数控机床（NC）、工业机器人、大规模集成电路以及电子制造设备等；第二，包含重要的机械、电子基础件，如先进的液压、轴承、模具、气动、密封、低压电器、微电子、刀具、仪器仪表、电力电子器件以及自动化控制系统等；第三，包含国民经济各部门的科学技术以及军工生产所需的重大成套技术装备，如大型火电、水电、矿产资源的井采及露天开采设备，黑色和有色金属冶炼轧制成套设备，核电的成套设备，盐化工的成套设备，航空、铁路、公路及航运等先进的交通运输设备，石油化工、煤化工污水、垃圾及大型烟道气净化处理等大型环保设备，隧道挖掘、大江大河治理、输水输气等大型工程所需的工程机械成套设备等。

对于装备制造业的分类，王海峰（2009）提出，主要是 8 分类法、7 分类法和 6 分类法。8 分类法按照国民经济行业分为金属制品业、通用设备制造业、专用设备制造业、交通运输设备制造业、电气机械及器材制造业、电子及通信设备制造业、仪器仪表及文化办公用机械制造业和武器弹药制造业。7 分类法不包括武器装备制造业。6 分类法不包括武器装备制造业和金属制品业。

按照国民经济行业分类，其产品范围包括机械、电子和兵器工业中的投资类制成品，分属于金属制品业、通用装备制造业、专用设备制造业、交通运输设备制造业、电器装备及器材制造业、电子及通信设备制造业、仪器仪表及文化办公用装备制造业 7 个大类 185 个小类。

按照《国民经济行业分类》（GB/T4754-2002），包括金属制品业，通用设备制造业，专用设备制造业，交通运输设备制造业，电气机械及器材制造业，通信设备、计算机及其他电子设备制造业，仪器仪表及文化办公用机械制造业共 7 个大类，下设 46 个中类 185 个小类（见表 1-3）。《国民经济行业分类》（GB/T4754-2011）将汽车制造业从交通运输设备制造业中分离出来作为一个大类进行统计，对部分中类和小类也进行了调整。本书为了方便计算，仍采用 2002 年版分类标准。

表 1-3 我国装备制造业行业 7 个大类分类目录

7 个大类	46 个中类	辽宁省企业代表
金属制品业	1. 结构性金属制品制造 2. 金属工具制造 3. 集装箱及金属包装容器制造 4. 安全用金属制品制造	本溪雄狮有限责任公司 锦州天鹅焊材（集团）股份 有限公司
通用设备制造业	1. 锅炉及原动机制造 2. 金属加工机械制造 3. 起重运输设备制造 4. 泵、阀门、压缩机及类似机械制造 5. 轴承、齿轮、传动和驱动部件制造 6. 烘炉、熔炉及电炉制造 7. 风机、衡器、包装设备等通用设备制造 8. 通用零部件制造 9. 金属铸、锻加工	鞍山锅炉集团有限公司 丹东机床有限责任公司 沈阳气体压缩机股份有限公司 本溪水泵厂 铁岭阀门股份有限公司等
专用设备制造业	1. 矿山、冶金、建筑专用设备制造 2. 化工、木材、非金属加工专用设备制造 3. 食品、饮料、烟草及饲料生产专用设备制造 4. 印刷、制药、日化生产专用设备制造 5. 纺织、服装和皮革工业专用设备制造 6. 电子和电工机械专用设备制造 7. 农、林、牧、渔专用机械制造 8. 医疗仪器设备及器械制造 9. 环保、社会公共安全及其他专用设备制造	鞍山矿山机械股份有限公司 沈阳矿山机械（集团）有限责任公司 抚顺机械制造有限责任公司 锦州环宇环境净化设备有限公司等

7个大类	46个中类	辽宁省企业代表
交通运输设备制造业	1. 铁路运输设备制造 2. 汽车制造 3. 摩托车制造 4. 船舶及浮动装置制造 5. 航空航天器制造 6. 交通器材及其他交通运输设备制造	沈阳金杯汽车工业有限公司 大连机车车辆厂 大连新船重工有限责任公司 沈阳飞机工业（集团）有限公司等
电气机械及器材制造业	1. 电机制造 2. 输配电及控制设备制造 3. 电线、电缆、光缆及电工器材制造 4. 电池制造 5. 照明器具制造 6. 其他电气机械及器材制造	东北输变电设备集团公司 大连电机集团有限公司 阜新市电缆厂 沈阳东北蓄电池股份有限公司等
通信设备、计算机及其他电子设备制造业	1. 通信设备制造 2. 雷达及配套设备制造 3. 广播电视设备制造 4. 电子计算机制造 5. 电子器件制造 6. 电子元件制造 7. 其他电子设备制造	长白计算机股份有限公司
仪器仪表及文化办公用机械制造业	1. 通用仪器仪表制造 2. 专用仪器仪表制造 3. 光学仪器制造 4. 文化、办公用机械制造 5. 其他仪器仪表制造	鞍山热工仪表集团 营口冠华胶印机有限公司 沈阳第三量刃具厂等

3. 国外与我国装备制造业相对应的范围

装备制造业涉及的范围广、产品杂、门类多、技术性强以及服务面宽，主要涵盖了维修配件、主机产品以及服务等。目前，我国的产业分类标准与国际上产业分类标准（ICIS），以及国际贸易分类标准（SITC）还没有达到统一的标准。为了与国际上关于"装备制造业"的界定统一，本书"装备制造业"的界定范围主要采用国际工业分类标准，即ISIC38，主要包括机器与设备制造以及金属产品。具体来讲，关于"装备制造业"的界定是指国际产业分类标准，主要包括：

①382 除电气外机械制造业之外，简称非电气机械；②383 电气机械制造业，简称电气机械；③384 运输设备制造业，简称运输设备；④385 科学、测量、控制、光学设备制造业，简称专业和科学设备。这一分类标准相当于美国在 1994 年北美产业的分类标准（NAICS），主要包括：①35 工业机械及设备制造业；②36 电子及其他电气设备制造业；③37 运输设备制造业；④38 仪器及相关设备制造业，同时相当于欧洲国家的"资本货物制造业"。

（二）装备制造业的发展状况研究

关于装备制造业的研究，本小节重点针对装备制造业的发展地位、发展对策以及国际竞争力等方面的相关研究进行归纳与总结。

1. 装备制造业发展地位研究

葛建新（2004）认为，装备制造业能为一般加工制造业提供先进的装备，进而提高产品的质量、可靠性，对于推进产业升级能够起到重要作用。王章豹和吴庆庆（2006）认为，装备制造业的持续发展不仅可以促进自身升级，由于关联效应的存在，还可以向上下游产业提供技术装备，最终带动整个工业结构的全面升级。李钢等（2009）认为，装备制造业的发展关系到整个制造业的发展前途，决定了中国能否真正成为"世界工厂"。林桂军和何武（2015）认为，由于中国企业仍然趋向出口相对低价的装备制造业零部件，进口相对高价的装备制造业零部件，因此，在全球价值链中的地位总体上偏低。

2. 装备制造业发展对策研究

高梁（2001）认为，装备制造业的发展重心应放在提升自主创新的基础能力上，单纯依靠"开放"无法真正促进装备制造业的发展，同时认为对国外技术的消化和吸收是建立在本国一定的技术能力基础之上的。宋艳（2005）提出，可以通过财税杠杆政策振兴装备制造业，鼓励企业采用成熟的国产重大技术装备。花蕾（2008）认为，制度创新相比其他因素对于提升装备制造业的竞争力能够起到更重要的作用，因此要全面落实促进政府加强管理创新，促进企业加强自主技术创新的战略部署。王志（2009）从相关法律法规完善、产业政策、人才培养等方面提出了中国装备制造业发展的政策建议。孙韬等（2011）提出，通过建立技术创新支撑体系等方式为装备制造企业技术创新活动提供良好的服务环境，进而促进技术转移，从而促进东北装备制造业的转型升级。郭玉屏（2013）从产品升级、管理模式、商业模式、融资渠道和企业战略五个方面提出了产业升级的相关对策。

3. 装备制造业国际竞争力研究

顾颖和房路生（2005）对比分析了中国和德国装备制造业的发展优势与劣

势，并分析了影响两国差异化发展的主要影响因素。徐建平和夏国平（2005）通过对中美德日四国的比较分析，认为中国装备制造业的经营管理水平和产品生产效率较低，自主创新能力较弱，先进制造技术应用基础研究和应用研究能力较弱，基于存在的不足提出了发展中国装备制造业的政策建议。张天维（2007）运用定性分析的方法对西方国家发展装备制造业的先进管理经验进行了对比与总结，并从技术创新、产业集群等方面对东北地区装备制造业的发展路径提出了建议。

霍徐强（2010）通过对 30 个国家的样本数据分析，认为中国装备制造业整体竞争力居于中等偏下水平，应加大条件建设投入力度，大力发展先进制造技术，进而提高国际竞争力。李萊（2011）对比了中国与美日德印四国的显示性比较优势指数，从推进专业化分工、提升信息技术水平等方面提出了提升国际竞争力的相关建议。陈超凡和王费（2014）对包括中国在内的九个国家的装备制造业产业内贸易水平进行了测度，发现中国仍然以低品质垂直型贸易类型为主，少数行业已具备较高的产业内贸易水平，具有较大的提升潜力。

四、全球价值链理论与产业合作模式的关系研究

随着科学技术和运输技术的不断进步，信息技术与制造技术的融合使产业合作受地理因素的限制大大减弱了，产业革命正在全球范围内整合兴起，装备制造业的生产方式、合作模式以及产业生态等方面都受到了很大影响。在全球范围内，对专业化的分工有了更高的需求与要求。基于这样的背景，全球价值链突破了传统地域性的分工模式，使全球背景下的产业资源、信息与技术在国家与国家之间，地域与地域之间自由流动与整合，使各个国家和地区发挥自己的最大优势，获得最大利益，并改善和提高了各个国家与地域的经济水平。

Gereffi（1999）提出，国际交流有助于发展中国家培育创新能力以及积累学识经验，发展中国家只有加入全球价值链才能实现产业合作模式选择，促进产业内部优化和资本效率的提升。因此，全球价值链是研究当前全球产业合作的全新角度，全球价值链推动了国与国之间、地域与地域之间，拥有不同优势产业的发展与成熟，在充分发挥各自产业比较优势的前提下，促进产业在各国之间形成具有竞争优势的产业合作，实现产业合作的双赢或者多赢。

龚三乐（2007）选取全球价值链企业升级的动力对绩效影响作为研究主题，探讨了企业升级对技术进步的推动作用。张丽莉（2006）以长春汽车产业为研究对象，基于全球价值链的视角，运用区域经济学、产业经济学以及管理学等相关

理论，并以构建和发展长春汽车产业集群为研究目的，提出了适应长春汽车产业发展的对策建议。王群（2009）以辽宁装备制造业为出发点，基于价值链理论研究了产业集群的发展模式，探索和研究了适合辽宁装备制造业发展的产业结构发展模式。

张云（2011）和徐娜（2015）对在全球价值链上至关重要的中国经济的现状进行了分析，分析了中国制造企业参与国际分工以及模式选择上存在的现实困境，从国际生产决策的角度进行了对策分析。胡娟红（2014）基于全球价值链理论，研究了后危机时代的需求和生产的转变以及它们对全球价值链调整和整合的影响。同时，在此基础上，结合珠三角产业转型升级带来的机遇和挑战，提出了珠三角产业转型升级的动因及路径。王悦泽（2013）通过对京津冀产业结构的优化与升级的分析，发现其产业结构发展的高端化仍不明显，因此，京津冀产业结构优化是急需解决的关键问题。

荆峥（2012）总结了不同模式下产业集聚的不同路径，以长兴蓄电池产业为例探究了产业集群升级的路径选择。李月（2011）从全球价值链动力机制的角度，分析了两岸产业合作模式，并提出了相应的配套政策。曾咏梅（2010）在对我国产业集群嵌入全球价值链模式的选择实践中，找寻了全球价值链模式的选择研究。杨德宏（2010）通过对我国汽车产业发展模式的现状分析，探究了全球价值链视角下汽车产业发展的总体趋势。李奕（2018）基于全球价值链理论的分析，并结合中国制造业的自身特点，提出了各国发展都应该集中到制造业的发展上。

裴学亮、朱轶和满小莉（2017）基于全球价值链的视角，从"产业特征定位""产业位势比较""产业合作模式选择"角度构建了产业合作模式的选择模型，并对闽台产业合作模式进行了实证研究。张丽丽（2016）以安徽战略性新兴产业集群为研究对象，结合当前经济新常态下"一带一路"、供给侧结构性改革等政策，提出了适应安徽产业集群发展的路径选择。张侃（2016）分析了中国制造业在基于金融发展的基础上，对全球价值链升级的作用机理，分析了我国金融发展在规模、结构以及效率上存在的不足，提出了相应的政策性建议。

郭澄澄（2019）通过研究全球价值链产业转型升级的理论，梳理了国内外关于制造业与生产性服务业协同机制关系的相关文献，并遵循制造业与生产性服务业协同机制理论的内在演变逻辑，提出了制造业与生产性服务业协同机制的内部构成及影响因素。宋帅（2019）从全球价值链理论出发，结合中国装备制造业的发展现状，分析了影响中国装备制造业发展的因素。王静（2019）从制造业集聚与生产性服务业集聚的角度分析了产业集聚、协同集聚与制造业全球价值链的地位。黄光灿等（2019）基于全球价值链理论，发现技术进步对制造业竞争力提升具有促进作用。

五、研究现状述评

综合国内外基于全球价值链理论研究产业合作模式的文献可以看出，国外对全球价值链理论的研究具有较深厚的基础、较完整的理论体系和方法，其研究成果对发展中国家制造业的产业合作模式发展具有重要的参考价值，但将研究成果运用于实践仍存在一些限制，主要表现为：

一是因为国外全球价值链的产业合作模式研究相对较为成熟完善，国外对产业合作模式的研究更加侧重于合作效率以及产业合作对第三方的影响等方面，较少学者研究产业合作模式的选择。

二是从产业合作模式选择上看，国内关于产业合作选择的研究成果为转型期经济增长的分析提供了理论指导，对产业合作、产业集聚等进行了多角度的阐述并且提出了不同观点，但是缺乏系统的、完整的产业合作模式选择模型的实证推理。

本书充分研究国内外文献，通过对全球价值链理论的分析，提出符合黑龙江省装备制造业对俄产业合作模式的路径选择，对深化装备制造业产业合作模式的发展具有很强的实际价值。

第四节　研究内容与研究方法

一、本书的研究内容

本书基于黑龙江省装备制造业的发展现状，结合国内外研究成果，基于全球价值链视角提出黑龙江省装备制造业对俄产业合作模式的路径选择和发展对策，主要包括以下内容：

第一章是概述。主要包括本书的研究背景、研究目的和意义、国内外研究文献综述及研究内容、研究方法和技术路线。

第二章是文献综述与理论框架。首先，界定了全球价值链、装备制造业、产业合作模式等核心概念；其次，结合国内外文献梳理和综述了本书的核心基础理论，如产业链理论、价值链理论、比较优势理论、产业合作模式理论等；最后，在此基础上分析了全球价值链视角下的产业特征、产业位势比较及产业合作模式类型与选择。

第三章是全球价值链视角下产业合作模式选择理论模型构建。首先，界定了理论模型的前提假设及条件，并遵循"产业特征定位—产业位势比较—产业合作模式选择"这一逻辑链，提出了本书的理论框架。其次，根据文献综述与理论框架，分析了全球价值链视角产业位势比较方法的选择，一是给出了基于全球价值链视角产业位势比较的指标选取与计算方法；二是描述了如何对全球价值链视角下的产业全球价值链特征进行刻画；三是基于全球价值链视角，从全球价值链特征刻画和产业价值链位势两个角度进行黑龙江省及俄罗斯装备制造业产业位势的比较。最后，根据相关文献的整理与分析，分析了全球价值链视角下产业合作模式选择模型的决策过程。

第四章是全球价值链视角下黑龙江省装备制造业对俄价值链的特征分析。首先通过对黑龙江省与俄罗斯装备制造业的基本情况、产业链、价值链的特征进行分析，比较了黑龙江省与俄罗斯装备制造业的发展特点；其次通过产业链特征和价值链特征的角度对二者的发展路径进行了对比。

第五章是全球价值链视角下黑龙江省装备制造业对俄产业全球价值链位势比较与定位研究。通过对黑龙江省与俄罗斯装备制造业在规模、产值、技术与知识含量等方面的比较，对二者装备制造业的位势做了比较分析。利用模型对黑龙江省装备制造业与俄罗斯装备制造业进行比较，分析出了适合二者持续性发展的产业合作模式。

第六章是全球价值链视角下产业合作模式实施研究。借鉴国内外先进的产业合作措施，对黑龙江省装备制造业的发展提出了有针对性的对策。从宏观层面、产业层面以及企业层面对黑龙江省装备制造业对俄产业合作模式进行整体、系统的分析，提出了深化对俄产业合作模式的对策建议。

二、本书的研究方法

本书运用的研究方法如下：

（1）文献综述法。

运用文献综述法，梳理并分析国内外学者对全球价值链、产业合作模式及黑龙江省装备制造业的发展现状等方面的研究，透析研究视角、内容和方法，为本书的研究奠定基础。

（2）规范分析法。

在对原有概念、内涵的研究基础上，界定本书研究内容的定义，赋予研究内涵和研究范围。

（3）归纳与演绎法。

本书的研究充分运用了归纳与演绎这两种重要的分析方法，对黑龙江省装备制造业发展过程中存在的问题进行分析、归纳、总结，运用演绎方法推理了黑龙江省装备制造业对俄产业合作模式的选择路径。

（4）模型分析法。

本书对产业合作模式的选择进行了实证分析，通过建立产业合作模式模型，分析黑龙江省和俄罗斯装备制造业的特征，运用历史数据及数学模型完成实证分析。

三、本书的技术路线

本书的技术路线如图1-3所示。

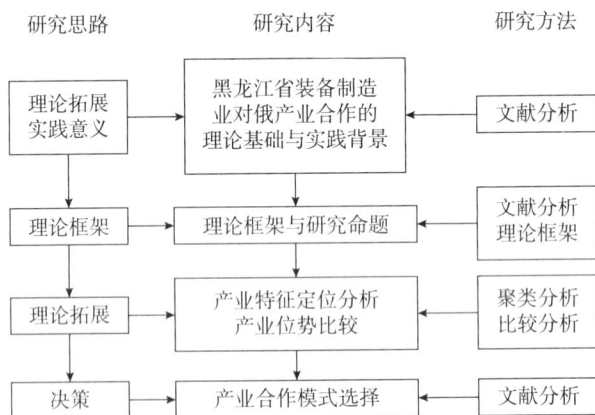

图1-3　本书的技术路线

第二章 文献综述与理论框架

第一节 基本概念及其界定

一、全球价值链的概念及其界定

全球价值链理论已经成为一门新兴理论学科，在短短几十年内形成了一套相对完整的理论体系，是用于研究经济组织活动的一系列理论，并受到各国学者的广泛关注。从 20 世纪后期至今，在世界范围内众多经济学者的广泛关注与研究下，全球价值链逐步形成了一套相对完善的经济理论系统。全球价值链理论的演变历程与学者迈克尔·波特和寇伽特在 20 世纪 80 年代创造与探究的价值链学说有着密切相关的关系。

全球价值链理论的形成最早可以追溯到 20 世纪 80 年代迈克尔·波特和寇伽特所提出和发展起来的价值链理论。波特在他的《竞争优势》一书中提出了价值链学说，对价值链的界定是，企业应该连续地创造价值。该理论认为，公司的使命是获得收益后继续创造更大的价值。波特认为企业的价值创造过程由基本活动和支持性活动组成，基本活动涉及企业生产、销售、进料后勤、发货后勤、售后服务。支持性活动主要包括人事、财务、计划、研究与开发、采购等，基本活动和支持性活动构成了企业的价值链。但并不是每个活动环节都创造价值，实际上只有某些特定的价值活动才真正创造价值，我们称这些真正创造价值的活动为价值链上的"战略环节"。也就是说，只有在价值链某些特定的战略环节上占据优势，企业才能保持自身的竞争优势。公司创造价值的过程具有一系列种类众多但相互关联的行为。一类活动有输送和保存原料、制造和生产成品、存贮和保管制品、市场销售等。二类活动有技术研发与用料采购、财产和劳动力管理、修缮基础设备等。两条链接的活动可以形成完整的链结构，最终使公司受益。

寇伽特认为，"价值链基本上就是技术与原料和劳动融合在一起形成各种投入环节的过程，之后通过组装把这些环节结合起来形成最终商品，通过市场交易、消费等最终完成价值循环过程"。价值链基本上是一个将原材料、劳动力和技术相结合以达成各种输入环节的过程，之后通过组装完成最终产品，经过营销、市场交易和消费完成价值周期。在这条持续盈利的价值链里，企业参与在价值链的某一项环节或企业渗透在增值环节的各个过程都包括在了企业级别的结构体系内。一国的国际商业策略必须有比较优势或与该国的整体企业竞争力相互匹配，一个国家或地区在价值链中每个环节的分配取决于该国的比较优势。在这一价值不断增值的链条上，单个企业或许仅仅参与了某一环节，或者企业将整个价值增值过程都纳入了企业等级制的体系中。

与此同时，寇伽特认为，国家比较优势与企业竞争能力的关系决定了企业的竞争优势。与波特强调单个企业竞争优势的价值链观点相比，这一观点更能反映价值链的垂直分离和全球空间再配置之间的关系，因而对全球价值链理论的形成至关重要。企业负责价值链的哪一链接、负责哪一方面的技术则取决于企业的竞争力。寇伽特的观点比波特的价值链观点能更好地反映价值链的垂直分裂与全球空间重新构建之间的关系；而波特的观点更加关注的是各个公司的竞争优势。

克鲁格曼在20世纪90年代探讨过企业将内部各个价值环节在不同地理空间进行配置的能力问题，使很多研究学者开始关注价值链中治理模式与产业空间转移之间的关系。此后，阿尔恩特和凯尔科斯提出生产过程在全球的分离是一种全新的现象，认为全球生产流程分离是价值链学说的一种新理念。这就使同一价值链条的生产过程的各个环节通过跨界生产网络被组织了起来，这一跨界网络可以在一个企业内部完成，也可以由许多企业分工合作完成，既可以在企业内完成的跨境生产网络来组织同一价值链的生产过程中的任何活动，也可以通过多个企业参与合作和分工。

为了将价值链理论直接连接到全球经济或产业组织中，美国杜克大学的Gereffi（1999）首先提出了全球商品链（Global Commodity Chain）的框架，这一概念是指把价值链与全球化的组织关联在一起，同时对生产者和购买者驱动商品链之间的联系进行了比较研究。但是考虑到商品一词所带来的局限性，为了更加强调价值链上企业的价值创造以及获取价值的重要性，在21世纪初，Gereffi教授等用全球价值链取代全球商品链，并从此正式提出了全球价值链的概念。

Gereffi教授在20世纪末提出了全球商品链的理论条框，该理论把全球经济组织行为结合在了价值链的含义中。随着全球化经济的发展，商品的生产过程被分成了几个阶段。围绕特定产品，组织生产了一个跨国性生产系统，散布在世界上各类规模的企业和组织机构由生产网络统一组成，这样便产生了全球商品链（Global Commodity Chain）。随后，格里芬等正式提出了全球价值链的概念。全球价值链是指由全球跨企业组成的网络，这些企业将生产、销售、回收和其他流程连接起来，以实现生产商品和创造服务的价值。其包含了商品原材料的采购和装运、材料和成品的生产与销售、商品消费和回收处置的全部流程。这一流程涉及了全部参加者和组织，如生产和销售以及其价值和利益的分配。到目前为止，世界上参与全球价值链的各国企业在技术研发、产品制造、市场营销、消费服务、售后和最终回收利用方面等进行了各类增值活动。在研究过程中，Gereffi 等根据驱动机制的差别，将全球产品链分为以生产者为中心和以购买者为中心两类。由于全球价值链的引入维持了驱动机制的理论，因此，全球价值链分为以生产者为中心和以购买者为中心。

以生产者为中心的全球价值链是指由发达国家跨国公司领导的生产者，进行投资以刺激市场需求，并在全球生产网络中形成劳动力系统的垂直向划分。以生产者为中心的全球价值链的主要价值来自核心零部件的研制与生产。飞机和机动车制造业等技术型产业和资本密集产业是生产者驱动型全球价值链的代表性产业。这种模型的全球价值链主要附加值体现在战略价值链，如研究、开发关键部件。波音公司和通用公司等制造业是生产者驱动型全球价值链的战略主导环节，由它们主导且获取大量附加值。以生产者为驱动的全球价值链的形成主要由发达国家的跨国公司通过外国投资形成，而在中国公司纳入这种全球价值链的初期时，价值链主要通过在中国东海岸地区的"绿色投资"来实现。中国国有企业的整体水平和技术能力逐渐提升，随着经济的持续向好发展，与中国建立价值链的方式从"绿色投资"逐步转型为并购。

购买者驱动型价值链是指具有大品牌经销方式和通过全球采购的国际营销渠道的跨国公司组成的跨国产品分销网络，并且在全球范围内重组和分布了产品价值创造系统。品牌管理、商品研发和销售渠道等环节是购买者驱动型全球价值链的重点价值链。在这种模式中，主要的附加值流入了资本和技术密集的垄断性环节。不发达国家的企业普遍以代工（OEM）和外包（BPO）等方法加入全球价值链的低端及中端，在购买者驱动型的全球价值链中从事劳动密集型工作。发达国家的跨国企业集团和发展中国家的跨国企业集团在购买者驱动型价值链中多数不联结，即是相互独立的模式，处于战略链接的跨国企业以贸易国际一体化的方式整合各个环节的价值。王爱虎和钟雨晨（2006）提出，从 1992 年至 2005 年，我国的跨国外包量每年连续增长，在 14 年内增加了近 21 倍。垂直专门化的出口比率从 14.2% 逐步增至 23.2%。中国成为了跨国公司的主要外包基地，这表明中国以加入全球价值链中低端环节的方式参与了全球化经济。

全球价值链的分散和空间重建通过外国直接投资和外包两种主要的方法进行。在竞争的压力下，发达国家的跨国公司不得不将失去比较优势的产业转移到低成本的不发达国家或区域。由于发展中国家的技术水准和劳动质量不能满足产品的质量要求，因此有可能仅使用外国投资建立的工厂来控制生产。这种通过对外投资打造的价值链是生产者驱动型全球价值链。由于发展中国家或区域的经济增长，生产技术增强和劳动力水平提高，凭借日趋完善的生产技术，链接企业创造的价值是不充足的，其边际增值率越来越低，无法达到产业增值。因此，品牌管理、建立销售渠道以及整个产品价值创造系统的协调与管理变得越来越重要，在价值链中管控品牌与销售的企业的边际增值率越来越高。在这种形势下，发达国家的跨国企业通过契约等将挑选出产品的部分价值链接，把其生产外包给不发达的国家或区域。在本国重点研究产品的品牌、发售和经销等具有较高水平的附加值链接。全球价值链便形成了从生产者驱动向购买者驱动的机制转型。

依靠战略价值链的跨国企业可继续提高其主要产品的设计和制造，继续推动对其主要产品的零件升级、质量升级、工艺过程升级和链式升级，以此来保持垄断性的产品研发和零件制造。例如，通用公司机动车核心部件的设计和制造能力始终居于前位，美国 AMD 半导体公司对其核心微处理器的设计和生产能力进行严格把关和管控，因此，发展中国家集团很难领会甚至贴近制造生产过程的关键因素，这是价值链仍然是生产驱动型而不能转换成购买者驱动型的主要原因。驱动原理解说了价值链的利益分配受比较优势的控制，在全球价值链的战略联系中，买方主导和生产者主导的各方具有控制利益分配战略联系的优势。

全球价值链是指为实现商品或服务价值而连接生产、销售、回收处理等过程的全球性跨企业网络组织，涉及从原料采集和运输、半成品和成品的生产和分销、最终商品消费和回收处理的整个过程。它包括所有参与者和生产销售等活动的组织及其价值、利润分配。当前，散布于全球的、处于全球价值链上的企业进行着从设计、产品开发、生产制造、营销、出售、消费、售后服务、最后循环利用等各种增值活动。

关于全球价值链的研究，目前学者们更关注于全球价值链的治理和产业发展问题，这其中包括产业升级与产业合作。通过全球价值链来看待经济活动，不是某个企业的问题，而是整个链条各个环节和支撑体系之间的一个系统问题，全球价值链是一个系统解决产业发展问题的理论框架。这与目前产业集群的研究目的基本一致。

二、装备制造业的界定

装备制造业是反映某个国家或某个地区总体竞争能力的重要指标，从宏观角度衡量国家或地区的工业能力和科技发展水平，关系着当地经济的发展走向与工业进程。一个国家的国势情况和国家总体安全体现了该国装备制造业的发达程度。美国、德国、英国和日本等发达国家在其的工业发展过程中，都注重发展装备制造业从而依靠强大的装备制造业在国际上占领竞争优势。装备制造业属于国家性的战略产业，高端的装备制造业和发达的制造技术是一国在国际市场能否占有竞争优势的重要衡量指标和突出因素。随着全球经济发展的信息化，信息和科技对经济发展的作用更为重要，有必要将信息与科技作用于建造发达的现代装备制造业和现代化机械设备。现代装备制造业的发展已成为中国工业发展的主要方向。在促进装备制造业现代化和发展的过程中，升级装备制造业的内部构造是推动发展制造业的重要因素。发展和振兴装备制造业已是国民经济和国家政府共同关注的重大事项。

制造业涵盖的内容非常广泛，如纺织、食品、轻工、机械产品、生产设备、电子、冶金、石油化工、医药和军事工业等，制造业在某种程度上可定义在第二产业。制造业的关键是装备制造，发展制造业的重中之重是发展处于中枢位置的装备制造业。装备制造业是国民经济各个部门的总称，即各种类型的制造业，它们提供装备机械和建造装置的动能，以生产和扩大资本货物制造业，是制造各种技术设备以满足国民经济需求和国家各部门安全发展的各种制造业的总称。产品线包括机械行业（航空、船舶和武器制造业）和电子行业的投资产品。中国"装备制造业"的定义遵循了国际工业的类别标准，即涉及金属制品、机械与设备等 ISIC 中的 38 个类别，简称 ISIC38。本篇使用的是 7 分类法，分别为通用设备制造业、电子通信设备制造业、金属制造业、仪器制造业、交通设备制造业、文化办公和专用设备制造业。这些大类是我国理论研究和实际生产中普遍使用的类别。

装备制造业是技术资本密集制造业。技术为实际生产力提供的动能影响着该行业的竞争力。装备制造业是将技术投入到实际生产的重要因素，装备制造业的技术远高于其他制造行业。密集型技术是多数战略性行业的重要特征，如发电行业、重型机器设备和汽车制造业等。装备制造业是技术资本密集型产业，因为装备制造业中的众多产品比较复杂，其技术和附加值高于其他工业产品。装备制造业中的生产过程须使用先进的技术，对其各个环节的生产技术有互相协调和彼此平衡的要求。在装备制造业产品的整个生产流程中，个别环节出现技术落后的问题会影响产品的总体生产任务，因此，装备制造业的生产周期比其他制造业长。一些有生产技术难度的装备制造业产品，仅依靠一家企业是无法完成产品生产的，可采用联合开发制造的跨行业生产，这需要多重技术领域和多样化的生产技术共同制造。因此，技术资本密集的装备制造业决定了这些行业具有较长的生产周期，企业在生产中所需的流动资金量也多于其他行业。

装备制造业具有高度的生产关联性。生产制造范围广泛且行业中多数的生产企业和化学行业、冶金行业等其他行业的生产企业关系密切。装备制造业具有较高的生产关联性和较大的外部效应和较长的服务链，所以，装备制造业可促进发展关联产业，如汽车行业，根据有关数据统计，在汽车行业的产值中，上下游的产业附加值高达七成。装备制造业具有高水平的生产技术。科学技术的物化依靠工业生产部门，而装备制造业可以更好地反映科学技术的物化，运用高频的创新活动掌握新型的工业技术。由于其密集的技术性，制造业成为了一种科技产业化的高效率载体，装备制造业可载入先进制造技术、信息和软件技术，所以装备制造行业里越来越多的产业成为了高新技术产业。装备制造业的产业链较长，以生产制造链为例，其由购买原材料、加工配套部件和制造以及生产调试等主要环节构成。它自身就是一个相互联系的产业链，具有高效率的生产协作特点。完整的制造过程可看作从一个市场至另一个市场的循环，产品的创新研究、开发市场、产品制造和经营销售等环节皆包含在内。

作为重要的战略产业，装备制造业的发达程度反映了国家或区域的经济实力与产业能力。国家或区域的装备制造业是否涉及了具有高难度生产、跨行业级别的制造装备，对原料的采购标准、制造能力、科学技术和生产制造的配套生产能力等，都可看作衡量该地区总体经济能力的标准。若某一区域的装备制造业发展良好，会对该区域的经济发展产生积极效应。装备制造业在运转过程中会促使该区域其他关联行业提升劳动生产率，带动关联行业的生产技术能力和就业水平，所以装备制造业被越来越多的国家作为重点培育和扶持的重要产业。现今社会的信息技术发达、产业与技能极速创新，装备制造业是占有统领产业全局地位的民族工业的领头产业，始终为国家经济发达和国土安全防控升级供应重要的装备设施和技术手段。装备制造业既是基本国民产业，又是国家核心产业，总体现代化完成进度与它密切相关，其显露了国家科技的总体能力、产业竞争力及综合国力。

三、产业合作的界定

亚当·斯密于 1776 年发表了绝对优势学说。如果某产品的购买价格低于其自身的生产成本，为了利益人们会主动放弃生产该产品，更倾向于购买该产品。国家与国家的产品优势各有不同，本国制造具有相对优势的产品出口给其他国家，从其他国家进口本国具有相对制造劣势的产品，这样同种产品的价格差就会为国家带来利润空间。

大卫·李嘉图提出了比较优势理论，比较优势在绝对优势的基础上进行了变化升级，比较优势理论在后续发展的国际贸易活动中更具有参考及研究意义。比较优势是不同国家的能源产量、土地开采程度、可投入资本等的异同。差异为在生产同一种产品时，相比其他国家，某一国家占有相对优势。这种差异在生产过程中会形成相对优势成本。实际上，比较优势可能会随着诸如资本和技术之类的资源变化而变化。在实际生产活动中互相转换的各种比较优势是动态比较优势。

比较优势原则的理论基础是分工理论。每个国家都需要将其资源集中在与其他国家相比具有"比较优势"的产品生产上，向他国进口本国的劣势产业成品。每个产业价值链中的公司开展核心业务，外包非核心的外围业务给其他公司。从而使每个国家都可以与产业链合作获得高额利润，改善各国的经济水平。比较优势是产业合作的基础，产业合作是比较优势和产业指向性生产共同作用的结果，各国之间是在比较优势的基础上以市场为纽带发展的产业合作体系。在充分发挥各经济体产业比较优势的前提下，产业合作才能形成竞争优势，明确地区产业的目标，改善地区产业的整体构架，实现产业合作的互利共赢和共同发展的目标。

产业合作理论与早先的"比较优势"和更广泛提及的"价值链"的发展有关。价值链中的价值活动是产业集团通过生产商品、提供服务给合作商及消费者而盈利的活动。价值活动与企业投入和技术有关，企业的技术转移在升级产业价值链中有着重大影响，正是这些活动组成了创造价值的动态链。价值链的每个环节通过物资流、资金流、技术信息之间互联互通，价值链中企业的竞争能力受这些活动衍生的价值量影响。由价值链延伸出的全球价值链是国与国之间的产业价值链向外分化与连接的产物，每个环节存在许多同类型的公司，形成了从上游到下游环节中资产、劳动力、装备设施、产能技术的交流行为，这种交换关系可看作是产业合作关系，经过交换活动创造的价值即合作价值。处于全球价值链的众多企业互相存在协同关系，通过全球价值链中合作创造的价值可以超过各国公司独立创造的价值总和。

产业合作是指在跨国公司组织的投资和贸易活动中，各个国家深化产业国际分工，推动转移产业空间，克服了流通资金成本、技术、工艺、劳动力产品等生产要素的阻碍，增加了国家的总体产能，完善了国家的总体产业构建。跨国企业、国际投资与贸易是产业合作的运行机制，参与国之间的产业体系、生产要素、生产结构的互补与差别是促使国际产业合作的条件，国家经济发展水平和产业条件的梯度性是推动产业空间转移的前提。国际产业分工与合作生产专业化导致了产业合作机制的产生，分工与合作实际是产业活动的两种角度。国家之间存在生产要素差异和供给规模差别，虽然国家是相对独立的经济体，而在相同的产业条件下只能在某些产品的市场中占据竞争优势地位，并可以根据现代比较优势选择专业生产。专业生产可以满足其他国家不断增加的产业需求以及完成交换产品的目标，所以在国际间的产业分工与合作是必然发生的经济活动。随着国际间生产要素和产品的交换合作逐渐加深，这些国家的产业机会成本和生产比较优势的动态变动会使国家在产业合作中的分工状况也发生改变，这些变动是国际产业的互动性导致的。区域分工格局由低层次逐步提升到高层次，国家间的经济合作程度逐渐加深，以反映国家的产业结构调整和经济增长。

区域产业合作不断深化的后果体现在产业构架的整体性演变。每个参与国家的国际产业结构变化影响着产业构架的总体演变效果。产品生产结构的国际化代表了该国产业结构根据生产要素水平和需求的变化而发生的变动，这是衡量国家参与国际产业合作水平的一种指标。作为多个国家综合的产业体系，国际经济组织涉及不同产业结构的国际化进程。这些多重个体产业结构的形成取决于贸易投资、跨国公司和国际金融等互动机制和产业分工合作的效用。产业合作的整体效果受区域产业架构的直接影响，若两个地理位置邻近或多个领土互相接连的国家之间有产业活动的经济交流，随着国家或区域间积极向好的产业互动逐渐增多，国家会在固有的产业体系基础上扩展产业机能，打造跨国的产业合作经济体。与本国固有的产业体系有所差异，国际的产业合作结构具有彼此依存与制约、竞争与共存的特性，这种特性是国家之间经济合作的本质。

广义产业合作的解读是，把国与国之间的产业活动连接在一起的广泛经济活动都能界定为产业合作，包括跨国投资、跨国贸易、金融和科学技术的互动交流。国际贸易的来源基于产业的比较优势，国家之间的投资、贸易与技术交流都是双向引导的，且目标都与产业有关，所以广义的产业合作是一种国际产业交流机制。狭义的产业合作理解为产业跨国转移，产业转移的主体是跨国企业。产业合作的广义和狭义概念是两个不同角度的理解，它们在实际的经济活动中是统一的。国际化的产业转移借助国际金融和贸易投资，其中，国际直接投资是最广泛普遍的方式。在国际产业合作的过程中,产业关联的影响尤为明显,合作环节中的弱项或短板会阻碍产业合作的质量与发展。

产业的本质属性决定了产业是微观和宏观之间的中观聚合体,所以产业合作能从宏观、微观及中观三个角度进行阐释。宏观层面的产业合作是指合作领域内的政府之间对产品贸易、投资决策、金融市场等宏观领域的政策合作。微观层面是指在一个产业市场内,区域企业间的产品产业合作。中观层面是国家或地区内工业的指定合作、能源合作、服务业合作等特定部门的合作。跨国产业的经济活动依靠国际贸易、国际投资等方式相关联,跨国的贸易投资、技术交流和生产要素的转移则需要各国制定的宏观政策。

产业合作理论可以追溯到亚当·斯密和大卫·李嘉图的"绝对优势理论"和"比较优势理论"以及今天的一体化理论。近年来,许多学者对产业合作给予了关注。卢根鑫的《国际产业转移论》认为,产业贸易与产业投资促进技术构成与价值构成相异性的重合产业成长,这也是重合产业的存在导致国际产业转移的基础。

王先庆在《产业扩张》中指出,产业合作包括两个方面:一是不同经济—地理空间存在的"成长差";二是不同区域产业主体之间的相关"利益差"。二者共同构成"产业差",并成为产业合作的基础。张可云提出,产业转移是商品流动之外的另一种产业合作的重要方式。邓伟根在《区域产业经济分析》中把区域经济学和产业经济学两者有机结合起来,为进一步探讨我国产业发展和分工合作奠定新的理论基础。向晓梅(2010)认为,比较优势是产业合作的基础,在此基础上,地区之间以市场为纽带得以形成各有特色、互相依赖的社会产业合作体系,这样企业或者产业的竞争优势才有可能形成。她还认为,产业的关联性和互补性是产业合作的必要条件。产业之间的产品、技术、价格和投资,为产业合作创造了可能,而产业合作又深化了产业之间的产品、技术、价格和投资联系,有利于关联产业的联动发展。

此外,产业的互补性也是区域产业合作开展的必要条件。各地区在生产要素、产业结构、产业发展阶段上的差异,决定了在产业上存在一定的互补性,从而使不同地区产生不同的比较优势产业,为产业合作提供了重要基础。因此,产业合作应充分利用经济发展的不同阶段以及产业的创新与升级,在比较优势框架下合理进行产业定位,通过"产业梯度"或"产业辐射"等方式进行转移与扩散,促进产业重组与优化整合,最终达到推动和实现互利共赢的产业合作发展的目的。

基于理论分析,本书不仅需要从价值链的角度提炼出产业合作的定义,也需要提炼出产业合作的理论基础与步骤,即基于价值链理论与比较优势理论来研究产业合作的特征与定位。

四、产业合作模式的选择过程

首先，根据学者们的观点，产业合作随着国际分工的不断深化与演化，也在不断地发生变化。目前的全球化分工已经不仅仅是单纯的产业间分工与产业内分工，而是在不断地向产品内分工演化。在这种国际化分工的背景下，以往的产业合作重点及模式的选择大多基于比较优势原理，认为只要建立在比较优势的基础上，双方通过合作便可以做到互通有无、互惠互利，实现对发达经济体的赶超，事实上，建立在这种理论基础上的发展战略，往往只能实现经济或产业的有限赶超，随着后发经济体与先发经济体的差距越来越小，其技术转移会慢慢受阻，附加值的提升也会受到限制。基于此，产业合作的基础就不仅仅体现为比较优势与资源禀赋等，而是需要依靠对产业全球价值链的分析。

其次，根据全球价值链理论，一方面，根据一般的产业链，全球价值链可以分解为技术（研发）环节、生产环节与营销环节；另一方面，根据不同产业的价值链环节附加价值的不同，全球价值链又可以分解为核心价值链环节、中间价值链环节和外围价值链环节。基于全球价值链的产业合作模式选择，一方面要对产业链环节进行分析，另一方面也要对产业链环节上的价值进行分析，这样才能全面了解产业特征。因此，本书从全球价值链的视角入手，对黑龙江省装备制造业对俄合作模式进行研究。

那么，产业合作模式究竟该如何选择？根据战略决策理论，战略决策需要遵循"战略定位—战略目标—战略制定"三步骤，本书认为，黑龙江省装备制造业对俄产业合作模式选择依据这个基本逻辑，在全球价值链视角下，遵循"产业特征定位—产业位势比较—产业合作模式选择"这一逻辑链。

在关于产业特征定位的研究方面，根据学者们的观点，产业合作随着国际分工的不断深化与演化，也在不断地发生变化。目前的全球化分工已经不仅仅是单纯的产业间分工与产业内分工，而是在不断地向产品内分工演化。而在这种国际化分工的背景下，产业合作的基础不仅体现为比较优势与资源禀赋等，而是需要依靠对产业全球价值链的分析。根据全球价值链理论，一方面，根据一般的产业链，全球价值链可以分解为技术（研发）环节、生产环节与营销环节；另一方面，根据不同产业价值链环节附加价值的不同，全球价值链又可以分解为核心价值链环节、中间价值链环节和外围价值链环节。基于全球价值链的产业合作模式选择，一方面要对产业链环节进行分析，另一方面也要对产业链环节上的价值进行分析，这样才能全面了解产业特征。因此，本书从全球价值链的视角入手，对黑龙江省对俄装备制造业产业特征进行研究。

在产业位势比较方面，学者们早期主要运用比较优势理论，通过生产要素、需求、支持性产业及相关产业、企业战略、结构与竞争者等方面来分析；而在全球价值链视角下，主要关注产业的产业链环节特征和价值特征。因此，本书结合这两种理论，一方面对产业的全球价值链特征进行刻画，另一方面基于特征刻画进行位势比较。

在产业合作模式的选择方面，现有的文献有不同的分类方法，在宏观层面上，学者们提出了政府主导型、市场主导型和多元复合型产业合作模式；在产业层面上，学者们则提出产业协同、产业转移、产业升级等；在企业层面上，则有基于产业链、基于市场和基于创新的产业合作模式等。因此，本书主要从宏观、中观和微观三个层面对产业合作模式进行选择。

第二节 全球价值链视角下产业特征的研究综述

全球价值链是当今全球经济化的一个非常重要的特征。随着现代信息技术和物流运输的快速发展，跨国公司的资源配置能力在全球范围内日益增强，基于国际分工的角度，各个不同的国家或者地区融入到世界经济体中，承担着不同的生产工序、生产阶段和生产环节，构成全球价值链体系，同时也承担着不同的国际分工角色。

装备制造业的产业链长且复杂，集中反映了一个国家或地区的核心竞争力，并且也反映了一个国家或地区的科技和工业发展水平。同时，装备制造业涉及了材料、研发、生产、销售、行业应用与服务等诸多环节，在生产制造过程中要求具有高精密度、高安全性和高稳定度。以航空为例，航空制造产业链有航空零部件制造、发动机与航电等系统制造、新材料开发、飞机总装、实验试飞、维修等多个环节和产业。同时，如果一架大飞机由 600 万个零件组成，那么单一的厂家根本无法完成全部的生产任务，因此形成了全球范围内上万家企业共同完成一架飞机的产业链格局。本书从产业链和价值链两个维度对装备制造业的产业特征进行研究。

一、产业链理论的研究现状

随着信息技术和物流运输技术的高速发展，基于全球价值链的视角，企业与企业之间的竞争已经上升到产业链层次的竞争，同时，产业链理论已成为当前产业经济发展的重要理论之一，受到国内外学者和企业家的普遍重视。产业链在中观层面和微观层面实现了桥梁的对接，成为一种重要的组织模式，通过对产业链上各个环节的研究，来了解和观察产业链上各个企业之间的相互关系，并能够把握整个产业的整体发展现状。

通过研究产业链理论发现，产业链理论起源于国外学者的研究，而国内的研究较晚，目前还处于起步阶段。

（一）产业链的基本研究

1. 产业链概念的界定

产业链（Industry Chain）概念的界定最早来源于经济学家亚当·斯密（1776）在《国富论》中对分工的论述，他通过举"制针"的例子来对产业链的功能进行了详细而又形象的描述，具体来讲，产业链被看作是一个生产分工的链条，但仅限于企业内部的操作，重点强调的是企业内部资源的利用，而不包含企业外部资源的利用。这时的产业链研究是指企业外部采购的原材料和零部件，通过加工生产以及销售等活动，再卖给零售商用户的过程，因此，产业链的实质是产品链。

美国发展经济学家赫希曼（1958）在《经济发展战略》一书中，基于产业关联的视角，正式提出了产业链的概念。随着经济和社会的快速发展，竞争环境也变得日益复杂，在这一背景下，越来越多的学者开始研究供应链、价值链等相关理论，产业链的理论也逐步趋于成熟，有学者表明由于产业链过于单一，和前两者相比正在逐步弱化。在我国的计划经济时代，由于是计划来主导经济，就没有研究过产业链的相关问题。但改革开放后，随着市场经济的快速发展，产业链日益得到学术界的重视，有学者提出当前竞争形式由"点"开始向"链条"转变，产业链运营能力的高低成为产业未来发展和竞争力高低的关键。

2. 产业链的内涵

产业链这一概念，是我国学者在研究国外生产链、供应链等理论的基础上所提出来的。因此，从某种角度讲，产业链是一个中国化的概念。但是我国学者对于这一概念有很多种不同的说法，还没有达成统一的认知。产业链涉及的内容很多，如产业、企业和区域的发展。我国学者主要从不同的研究角度对产业链的主要内涵进行了论述（见表2-1）。

表 2-1 产业链内涵的界定

研究角度	年份	学者	定义
基于产业的技术经济关联	2000	郑学益	各产业部门之间基于一定的技术经济关联，依据特定的逻辑关系和时空布局关系客观形成的链条式关联形态
基于供求与生产关系	2002	张耀辉	建立在产业内部分工和供需关系基础上的一种产业生态图谱
	2005	郁义鸿	指在一种最终产品的生产加工过程中——从最初的矿产资源或原材料一直到最终产品到达消费者手中——所包含的各个环节构成的整个纵向的链条
基于战略联盟	2004	李心芹、李仕明	指围绕产业龙头，各相关配套环节为辅助的具有投入产出实现功能的资源链
从组织形式视角	2006	吴金明、邵昶	由供需链、企业链、空间链和价值链四个维度有机组合而形成的链条
		刘贵富、赵英才	是一个链网式企业联盟，组成联盟的主体是属于同一产业或相关产业的，处于产业不同发展环节的企业，这些企业以最终产品为纽带，按照内在逻辑联系所形成的链条
		汪先永等	产业活动过程的有机统一，表现为在生产产品和服务中能够增加价值的相关活动的集合，具体活动包括产品的研发、产品的生产加工和产品的最终销售等
		都晓岩、卢宁	作为一种新型的企业组织形式，处于产业链内的不同企业之间，由于同处于一个行业或相关行业，彼此之间基于业务的合作和战略互补形成了较高的信任合作机制，最终的绩效形成了企业内部科层制的运作效果
从企业关系视角	2006	刘贵富	产业链是同一产业或不同产业的企业，以产品为对象，以投入产出为纽带，以价值增值为导向，以满足用户需求为目标，依据特定的逻辑联系和时空布局形成的上下关联的动态的链式中间组织
		芮明杰、刘明宇	是一个生产系统所有阶段的集合，具体来讲就是在企业内部和企业之间，为了生产最终产品所进行的所有增加值的活动集合或生产阶段集合

研究角度	年份	学者	定义
基于技术链的角度	2007	洪勇	技术链是支撑产业活动中关键技术环节的链接，核心技术链是产业链运行与发展的基础，发展中国家经济需要以产业和技术的协同发展为基础，尤其是核心产业链和核心技术链的协同发展
基于产业组织角度	2007	俞荣建、吕福新	从价值网络、模块化组织、企业网络、产业集群等方面描述产业链

资料来源：笔者整理。

综上所述，产业链概念的内涵无论从何种角度，都是描述了同一产业或相关产业间的企业关系，涉及企业间的技术经济关系和空间分布关系，表现为从原材料到最终产品到消费者的一个价值增值过程。但是，产业链的概念还常常与生产链、供应链及价值链等概念混淆，同时，产业链是一个中国化的术语，在概念界定上没有国外理论可以借鉴。因此，对产业链概念的研究还需不断的深入。

3. 产业链的结构与类型

学者们从不同的角度对产业链的结构与类型进行了研究。潘成云（2001）从产业链的特征和发展过程，对产业链进行了解读，他将产业链分为4种类型：①技术主导型产业链；②生产主导型产业链；③经营主导型产业链；④综合型产业链。王家瑞等（2001）基于产业链的关联性方面，将产业链分为无相关联和有相关联两种类型。

刘大可（2001）发现，企业之间处于产业链的不同环节，并且有着紧密关系，其从企业与供应商的权力关系视角，将产业链分为4种类型：①供应商主导型；②目标企业主导型；③竞争关系主导型；④相互依赖关系主导型。李心芹和李仕明（2004）以四川煤电产业链模式为例，研究企业之间的供给和需求关系，将产业链分为4种结构类型：①市场主导型产业链；②资源主导型产业链；③产品主导型产业链；④需求主导型产业链。

曾永寿（2005）通过研究产业链形成的推动因素，将产业链分为3种结构类型：一是以业务为主导推动因素时，产业链类型是业务扩散式；二是以技术为主导推动因素时，产业链类型是技术渗透式；三是以业务整合为主导推动因素时，产业链类型是业务整合式。郁义鸿（2005）基于产业链类型和效率基准角度，通过研究产品特性以及生产技术，将产业链分为4种类型：①最终产品；②中间产品；③投入品或者消费品；④严格互补品。

4. 产业链的上游与下游关系

产业链根据企业生产产品的关联性与依附性可分为对应的前向购买与后向出售关系。郁义鸿（2005）认为，具有生产衔接关系的两个及以上的行业可形成上下游关系。

传统产业链上下游之间的关系可归结为买卖间的博弈，即为某企业提供生产来料的供应商被称为上游关系，而该企业产品购买者又形成该企业的下游关系，从而形成了紧密生产配套关系，这是产业链上下游的贸易关系。在信息交换上，产业链中存在着大量的信息互换行为，实现了企业群的信息聚集。

简新华（2001）从产业链的前后关系视角来研究产业链，认为产业链由产业的前后向关联关系构成。

杨公朴和夏大慰（2002）则认为，由不同产业之间相互构成的供给和需求关系，即产业关联就是产业链的本质，在形式上表现为不同关联关系之间组成的一种网络结构。

李万立（2005）把产业链等同于价值链，认为产业链是一种动态关系，即形成最终产品的不同环节所涉及的产业之间形成的动态关系就是产业链。

郁义鸿（2005）从产业链形状出发，认为产业链是一个生产链条，主要有一个完整的生产过程，即从最初的自然资源到最终的消费品，在此过程中所涉及的生产活动构成了一个完整的生产链条，即产业链。

本书针对装备制造业产业链的生产过程，将研发设计环节、原料采购环节归为产业链上游，加工制造环节归为产业链中游，销售环节归为产业链下游。

5. 产业微笑曲线理论

1992年，中国台湾宏基集团董事长施振荣先生在波特竞争理论的基础上，根据自己多年从事IT行业的经验，提出了"微笑曲线"理论。后来进一步发展为"产业微笑曲线"理论。随着全球竞合关系的深入，一部分学者研究该如何提升我国价值链地位的同时，另一部分研究人员开始探究"微笑曲线"到底是谁在微笑？我国该如何改变"微笑曲线"高附加值两端在外的局面？

如图2-1所示，从横向看，在同一产品的生产过程中，各个阶段的附加值各有区别，具体表现为"两端高，中间低"。学术界得出一致结论：发达国家控制着研发、营销等高附加值部分，而像中国这样的发展中国家仅能依靠加工组装等形式来参与价值比较低廉的部分。

从纵向看，不同产业在相同的业务过程中也表现出不同的附加值。图2-1中纵坐标表示附加值，产业C>产业B>产业A。如产业A是传统制造业，产业B是中等技术密集产业，产业C是高新技术产业。不同行业类型在同类工序上对应着

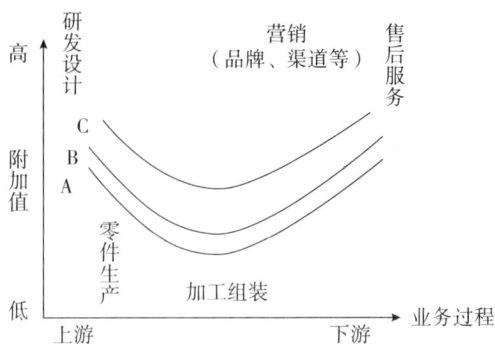

图 2-1　产业微笑曲线模型

不同的产出价值，这对价值链地位的攀升具有很好的借鉴意义。

（二）产业链运行机制方面

基于目前国内学者对于产业链运行机制方面的研究，主要从形成机制、演化机制、整合机制等方面进行分析。

1. 产业链形成机制研究

国内学者认为，产业链的形成最早要追溯到亚当·斯密的分工理论，在《对国民财富的性质和原因的研究》一书中，斯密将产业链界定为一条基于分工的生产链条，其被称为工业生产。斯密指出这条生产链条不仅提高了生产力，同时也促使生产效率的提高，这些都是分工的结果。之后，施蒂格勒（1996）提出，斯密的分工受到市场规模的限制，不足以促进经济发展，不能承担规模报酬递增功能，还需要对分工进行组织和协调管理。但实际上，这都是最初的产业链思想，不过，这也说明了产业链是由分工形成的。

蒋国俊（2004）从生产和供给的角度出发，分析了群居区内产业链形成的原因，并且认为竞争定价机制、利益调节机制和沟通信任机制的共同作用保证了产业链的稳定发展。龚勤林（2007）认为，产业集群是区域性产业链的必要非充分条件，企业基于产业集群的多种经济技术联系才能培育若干环节简单的链条，并且还指出了产业链形成的三种途径。

吴金明等（2006）基于形成机制的视角，将产业链抽象为"4+4+4"模型，即产业链由 4 维空间组成，分别为供需链维、企业链维、空间链维和价值链维，并将产业链分成 4 维对接的内模式和思维调控的外模式。基于此，产业链形成了供需链、价值链、技术链和空间链间的内在联系。

2. 产业链演化机制研究

刘明宇等（2007）从产业链演化的角度出发，提出产业链随着生产链的不断延伸与深化，企业内部的分工不断向企业外部拓展和延伸，进一步对分工不断地深化，从原来的企业内部分工与协作，不断向企业外部进行分工和协作，形成了新的产业链。

胡国平（2009）从单链条稳定、多链条稳定、产业链演化等几个层次系统地分析了产业链稳定性问题。刘刚（2005）分析了产业链中知识转移与创新结构问题，认为它是"社会化—外部化—组合化—内部化"的双循环结构。

程李梅等（2013）探索了区域经济中产业链的空间动态演化特征，呈现从点到线到网、从纵向延伸到横向拓展、从区域内到区域外的规律，并指出区域承接产业转移与培育优势产业要遵循产业链空间演化的内在规律。

3. 产业链整合机制研究

根据学者们关于产业链理论的研究，产业链是一个动态发展过程，是产业各个部门之间具有的一种整合机制，根据逻辑关系和空间分布关系，整合各种要素，形成了具有某种内在联系的企业群结构，成为一种功能性网链结构。产业链整合机制形成了供需链、价值链、产品链、技术链和空间链 5 种链条，如图 2-2 所示。

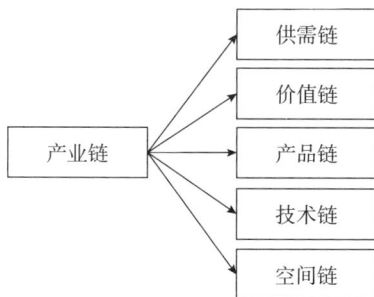

图 2-2　产业链的维度

（1）供需链。

产业链满足企业间供应与需求程度的契约关系，也就是产业链内上下游企业之间的供需关系，即上游企业向下游企业输送产品和服务，下游企业和上游企业之间存在大量的信息、物质交换关系。

根据与产业链上环节契约关系的差异，其被分为纵向一体化和横向一体化。纵向一体化，也叫垂直一体化，主要指企业沿产业链向前扩展到销售端或向后扩展到原材料供应的一种发展战略体系，它包括前向一体化方式和后向一体化方式。前向一体化方式是指企业自己建立销售公司来销售自己公司的产品或者服务；后向一体化方式是指企业自己生产所需要的原材料或半成品。纵向一体化方式可以改变产业链上下游企业之间的市场交易关系。

横向一体化方式，也叫水平一体化方式，是指为了降低成本、扩大生产规模、提高企业的竞争力，而与同行企业进行的一种战略联盟关系。在高科技迅速发展、竞争日益激烈、顾客需求不断变化的趋势下，越来越多的企业充分利用外部资源，把自己生产的零部件外包出去，将非核心业务委托或者外包给合作企业，主抓自己具有核心竞争力的业务，建立动态战略联盟。横向一体化可以改变两个并行产业之间的关联关系。

（2）价值链。

产业链是产品价值的创造与传递，是从原料到产品或服务的价值增值过程。随着产业内分工不断从企业内部向企业外部纵深发展，产业内的价值创造活动由原来的单个企业创造价值逐步向多个企业进行价值创造演化，形成了不同的价值体现。产业链上的每一家企业都应该能获取利润，但在产业链上的价值分配并不均衡，根据"微笑曲线"理论，以制造业产业链为例，产业链上游的研发环节、设计环节和下游的销售环节，其附加值较高，能够获得超过平均利润的收益；而生产和制造环节的附加价值较低。

（3）产品链。

产业链是指从初级原材料到交付产品或服务的生产加工过程，是产品功能形成和资源加工过程中形成的产品链，一方面提高了商品的价值，另一方面减少消耗和降低了生产成本。产业链上的每一家企业都要考虑资源利用形式，改进每一家企业和每一个节点的资源利用率，形成产业链最终产品或服务不断成型的过程。产业链上下游企业通过统一的产品标准和质量标准，才能生产出最终的合格产品。产业链纵向一体化提高了产品链的加工深度，产业链横向一体化提高了企业生产关联产品的能力。产品链的整合形成了完整的产品和服务功能的网链结构。

（4）技术链。

随着全球化和信息技术的高速发展，每家企业都需要具备其核心的主导技术，而这些主导技术也是各家企业的核心竞争力。从技术角度看，技术链的完备是产业链形成的必要条件，也是产业链的重要特征，强调了对核心技术的掌握和开发情况。对于产业链的技术链，每个环节都需要一种技术，但也可能是多种技术，每条技术链都有其主导性的核心技术，不同的技术特征决定着产业链上的核心环节和价值分布。产业链纵向一体化是产业主导技术的上下游延伸和衔接，产业链横向一体化是某类技术应用向相关产业的渗透。产业的主导技术和产业本身之间是互动发展的关系，只有技术在产业链上下游的应用才能推动整个产业链的发展，技术创新可以促进产业发展，产业发展也会推动技术进步。

（5）空间链。

主要指产业链的不同地理空间的地域分布问题，强调的是产业空间分布。产业链的分布主要有全球、国家和地区三个层次。产品或服务的产业布局和产业配套半径都反映了空间链的特性。一般来说，产业链应靠近原料供应商、半成品生产商和终端消费市场，所以不论是产业链的横向一体化，还是纵向一体化，其产业链的地域分布都表现为在某一地区的"扎堆"，即产业集群。这样更利于产业链上的各企业之间的密切配合和灵活协同。

产业链整合机制就是基于产业协同发展的视角，论述了产业链上的5个维度的内在逻辑关系，这5个维度相互影响，也相互制约，主要体现在：产业链存在的前提是有供需链，价值链是产业链形成的关键所在，产品链为产业链提供产品和服务，技术链是推动产业链重构的重要因素，空间链使产业链在空间分布上表现为产业集聚。

（三）产业链构建优化机制方面

产业链构建优化机制是产业链研究中的重要课题，产业链构建优化机制能够实现产业链内部的资源配置与利用，并在各个企业之间进行分工和协作，进而提高产业价值和实现产业的不断创新能力。综观现有文献对产业链构建优化机制方面的研究，主要包括产业链的构建方式、升级路径和整合优化等。

1. 产业链的构建优化方式的研究

龚勤林（2004）提出，产业链构建包括接通产业链和产业链延伸两个方面，产业链接通是指将地域空间内的产业链产业资源和产业合作进行系统整合，将存在一定关联关系的产业环节串联起来；延伸产业链指将已存在的产业链向上游延伸或向下游拓展。龚勤林（2004）的产业链构建理论强调了产业链各环节的链接是对产业链形成路径的基本描述，是产业链构建优化形成机制的一个重要补充。这种构建优化方式，一方面促成了企业在地理空间的聚集，在一定的空间领域内形成了产业集群；另一方面将散布在各个地域空间的，存在前向一体化或者后向一体化的产业关系的企业群，串联成为产业链条，形成长期的战略合作关系，有利于加强各产业部门间的经济联系，是产业链条各环节的选择和整合。

张铁男（2004）提出，从产业链上的战略环节角度出发，对产业链进行构建。他认为产业链上的每一个产业要充分认识自己在产业链条中的地位和存在的价值，找出自己的核心竞争优势，进而找到自己在整个产业链发展的战略环节。而这里的战略环节是指在产业链上具有竞争优势的主导环节，对整个产业链的形成和发展起到关键性作用。抓住了战略环节，也就是抓住了产业链上的关键点，形成了"牵一发而动全身"的效果。基于此，抓住产业链上的战略环节对产业链的构建至关重要，是选准战略环节对产业链进行优化的一种有效方式。

周新生（2006）指出，产业链构建实质上是在宏观、中观及微观层面进行产业选择，资源在产业层面进行配置，产业和企业价值链伸展形式和内容确认的过程。芮明杰等（2006）提出，产业链整合思想也是一种产业链构建，将产业链看成一个知识整体，从知识的角度分析了产业链知识整合模式，给出了一个产业链构建的新视角。

陈朝隆等（2007）研究了区域产业链的构建，进行了区域产业链构建的结构与空间分析、经济分析，提出区域产业链构建模式和战略，并以珠三角的小榄、石龙、狮岭 3 镇作为研究对象进行区域产业链构建与发展的实证研究。

袁艳平（2012）研究了光伏产业链的构建与整合。通过分行业的产业链研究，学者们针对不同行业的特点、运作机制和演进规律进行分析，提出相应的构建方式、创新模式和优化方法等，对提升产业链综合竞争力和促进具体产业的发展具有实践意义。

2. 产业链的升级路径研究

徐剑（2010）使用 2005～2007 年辽宁装备制造业的数据，通过灰色评估法对技术升级能力、生产制造能力、产业配套能力和环保能力进行测评，根据辽宁装备制造业产业链升级的目标与要求，建立装备制造业产业链升级测评体系，提出了辽宁装备制造业产业链升级的路径和对策。

赵红（2013）基于价值维、产品维、供需维、企业维及知识维 5 个微观视角，针对高端装备制造业产业链纵向一体化、横向一体化、集群化 3 个方向来阐述高端装备制造业产业链升级，并提出应注重产品维的纵向一体化发展，企业维的横向一体化联合，知识维的技术创新以及对政策合理把握等建议。

刘伯超（2015）从常州高端装备制造业的发展现状、竞争优势、制约因素进行了研究，进而从自主研发与营销服务创新、产业急剧升级、价值链竞争力提升、明确发展方向、与生产性服务业匹配融合、营造优质政策环境、加大政府服务力度等多个角度，提出常州高端装备制造业升级的路径与措施。

王婷婷（2016）基于"微笑曲线"理论中的行业背景和应用情境，研究了辽宁装备制造业发展现状，并深入分析了自然资源枯竭、创新能力不足、服务化程度低、产业集群领跑能力弱等具体升级因素，提出装备制造业升级的 4 条路径，描述了 4 种对应"微笑曲线"的变化形态，同时给出了路径实现的实施方法。

张偲等（2016）以海洋工程装备制造业为研究对象，提出制约我国海洋工程装备制造业发展的多种因素，如设计开发能力落后、高端配套能力薄弱、工程总包能力欠缺、产业体系不健全、统筹规划不完善等，同时提出了技术升级、配套升级、产业链升级、规划升级等一系列有效措施。

3. 产业链的整合优化研究

产业链发展的核心问题一直围绕着提高产业链上各个环节的效益和效率，所以说，其是一个动态发展的过程。随着信息技术和政策管制的影响，产业链整合已经成为产业链发展的重要问题。郑大庆等（2011）构建了产业链整合模型，提出了4种产业整合的促发因素和3种产业链整合方式。

（1）4种产业整合的促发因素。

产业链整合会受到生产要素、技术创新、产业管制和相关产业及支持性产业发展4个方面因素的影响，如图2-3所示。

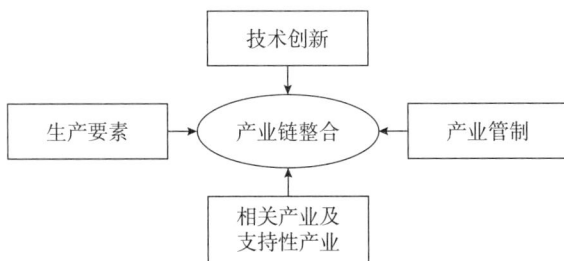

图2-3　产业整合的促发因素

生产要素指进行生产时所必需的一切要素，属于产业链上游的环节要素。一般而言，生产要素至少包括人力资源、自然资源、知识资源、资本资源和基础设施。每一种产业的特性不同，对其生产要素的依赖性程度也不同。根据信息产业特性，对于人力资源和知识资源的要求会更高，而对于低端制造业的整合，则更依赖于低成本的人力资源和自然资源。

产业管制和技术创新是外生因素。产业管制在产业链中是必要的，其目的是保护产业竞争，但过于严格的产业管制会影响产业的发展和技术创新。产业管制应该在产业竞争之间找到技术创新的平衡点。产业管制与技术创新的关系主要体现在两个方面：一是产业管制是为了防止产业垄断和市场寡头，使产业有着公平的竞争环境，更有利于依靠技术创新来获得竞争优势；二是制定严格的产业法规和较高的技术标准，从而促进产业内技术的创新。关键性的技术创新会引发产业变革，政府可以通过政策管制限制或促进产业发展。

相关产业及支持性产业体现为从上游产业到下游产业的扩散和产业之间的支撑，健全而具有竞争力的相关产业更易于推动主导产业的发展和整合。因为一个产业的生产要素和主导技术具有扩散效应，可以促使相关产业受益。

产业链的整合是由多个因素相互作用而产生的，生产要素、技术创新、政府管制和相关产业是产业链整合的必要因素。同时，产业链的协调难度、产品的复杂程度也会影响产业链整合的最终结果。

（2）3种产业链整合方式。

产业链是指把相关产业联系在一起，生产相类似产品的企业集群。一般来讲，产业链始于原材料，止于产品的企业网络结构。产业链的整合方式分为纵向一体化、横向一体化和产业链融合3种。产业链纵向一体化是指产业链上的企业向产业上游或下游延伸，最终改变产业链上企业的协同程度；产业横向一体化是指两个并行的产业链之间发生了关联关系；产业链融合是指产业边界发生了扩张或收缩，甚至是产生了新的产业链。相比较产业纵向一体化和横向一体化，产业链融合这种整合方式往往是由于重大技术创新或政府放松政策管制而造成的重大变革，甚至可能创造新的供求关系、价值分配模式和产业主导技术。

产业链整合表现为价值链、供需链、技术链、产品链和空间链的重构，因此可以认为产业链整合的3种方式引起了产业链5个维度之间的变化，产业链整合的关键点，如表2-2所示。

表2-2　产业链整合的关键点

产业链整合方式 产业链维度	纵向一体化	横向一体化	产业链融合	整合关键点
供需链	改变上下游企业之间的契约关系	改变并行企业之间的契约关系	改变上下游和并行企业的契约关系	供需双方契约关系的调整
价值链	获得更多的附加价值	获得规模经济	追求附加价值和规模经济	产业利润率的合理分布
产品链	拓展了资源的加工深度	互补产品的加工能力	资源加工深度和互补品的生产能力	产品标准、功能
技术链	产业主导技术的上下游延伸	某类技术应用向相关产业渗透	技术的创新及应用	技术标准
空间链	趋向于产业聚集	趋向于产业聚集	趋向于产业聚集	产业分布的地理半径

资料来源：郑大庆，张赞，于俊府. 产业链整合理论探讨 [J]. 科技进步与对策，2011（28）：64-68.

（四）基于装备制造业的产业链研究

依据国家统计局的定义与分类，制造业包含 31 个大类，从农副食品加工业、烟草制品业、纺织业到木材加工、石油加工、医药制造，以及通用设备、专用设备制造等都属于制造业。而通常认为，以上各种制造类行业从总体上又可以按照产品对象划分为最终消费品制造业和装备制造业 2 类。

基于装备制造业的产业链以相关产业之间的分工和合作为前提。若没有产业分工，就没有相应的各个价值增值环节，也就没有产业链的存在。装备制造业作为国家的基础产业，其特点是高科技含量较高、产业链的链条较长，并且产业链的最终用户影响广泛。装备制造业对其他行业影响较大，可以为制造业及农业等提供机器及用具，所以说，装备制造业产业链对其他行业的影响力很大。具体参见装备制造业产业链的特征。

1. 装备制造业产业链的特征

（1）资本密集。

装备制造业的第一项特征是其属于资本密集型产业，投资规模巨大，以亿元、十亿元，甚至百亿元为单位的投资规模非常常见。装备制造业从生产通用类装备，如工程机械、农用机械，到生产基础类装备，如工装、机床，再到生产成套类装备，如化工、盐化工成套设备、煤化工、石油等，甚至到更高级的生产安全保障类装备和高技术关键装备，如航空航天装备及军事等，所有这些类别的装备制造业，其厂房费用、材料费用、设备费用、研发费用以及人力资源费用等都需要十分巨大的开支和费用。由此可见，装备制造业是典型的资本密集型产业，需要巨大的投资。

（2）技术密集。

装备制造业的第二项特征是其属于技术密集型产业。其在生产和制造过程中依赖于技术和智力的要素大大超过其他产业，如大规模集成电路、生产数控机床；自动化控制系统、仪器仪表、微电子和电力电子器件；矿产资源的井采和露天开采设备；核电成套设备、水电、大型火电；高速铁路、民用飞机、汽车、地铁及城市轨道车、船舶等交通运输设备；大型科学仪器及医疗设备；航管及航空航天装备、先进大型的军事装备、通信等。所有这些产品的生产和制造过程，其技术含量高、研发水平高、技术实力强、生产工艺精湛、知识产权投入高以及组织过程复杂。由此可见，装备制造业是典型的技术密集型产业。

（3）劳动密集。

装备制造业的第三项特征是其属于劳动密集型产业。主要指装备制造业的产成品在其生产和制造过程中需要大量人力参与。具体来讲，装备制造业不同于其他产业特征，即生产过程对技术要求高的时候，可能对人力要素要求反而降低了，装备制造业既要求技术密集，同时也要求劳动密集，主要是因为，装备制造业要生产和制造的产成品过程复杂，如石油化工成套设备、矿产资源的井采与露天开采设备、石油化工成套设备、军事装备、航空航天、船舶和地铁等，其生产过程以及组织过程都十分复杂，都是按订单生产、完全定制化制造或项目制造等模式完成的，并且这些产成品的组织模式与普通的消费品所需要的生产组织模式存在很大差异。

最终消费品或普通消费品可以大规模生产，也可以流水线生产，批量化生产制造，而装备制造业不能采用如流水线作业这种方式。装备制造业的生产和制造是按订单制造、完全定制化以及项目制造这样的生产模式，因此，整个价值链需要完全定制化采购、完全定制化设计、完全定制化生产、完全定制化装配，同时生产过程中会需要技术和工艺的变更，按照订单的需求来调整生产计划和进度等，这些都需要大量的人力资源来执行，而不是由大规模生产或流水化的作业方式来完成。由此可见，装备制造业是典型的劳动密集型产业。

（4）影响广泛性。

装备制造业的第四项特征是其属于影响广泛性产业。作为国家的基础产业，装备制造业高科技含量较高、产业链链条较长，而且产业链最终产品用户的影响力十分广泛。同时，装备制造业对其他的生产制造业和农业等产业都极具影响力，为它们提供所需要的机器、配件和用具等。由此可见，装备制造业对其他行业具有十分广泛的影响力。

（5）高度成套性。

装备制造业的第五项特征是其属于高度成套性产业。由于装备制造业是完全按订单制造的生产模式，具有完全按订单定制化的特点，所以主要以生产和制造成套机械为主，其各个零部件和配件要求非常严格，没有可替代的产品。此外，由于制造和生产的科技含量较高，没有相匹配和可替代性的技术，所以装备制造业的核心环节或战略环节都由具有高科技和承包能力强的企业所控制。

（6）垄断性。

装备制造业的第六项特征是其属于垄断性产业。装备制造业是国家的重要支柱性产业，因此国家大力投资装备制造业，其核心企业资金主要来自国家投入。同时装备制造业属于基础性产业，对其他产业的影响力较大，因为具有资本密集型特征，需要的投资巨大，所以进入壁垒很高。此外，大型国有装备制造业企业的重要高层管理人员，如工程师等都是由国家来任命的。由此可见，装备制造业具有一定的垄断性。

基于此，装备制造业的主要特征是资金密集、技术密集、劳动密集型产业，属于对资金、技术和人力资源要求都很高的行业。同时装备制造业对其他产业的影响力广泛、要求按订单制造的生产模式，是具有垄断性的国民经济的支柱性产业。

2. 基于装备制造业的产业链及产业链整合方面的研究

逯宇铎和陈静（2007）等基于装备制造业的产业链研究视角，研究大连市装备制造业产业链的分解重构，并延伸了其产业价值链的应用，基于企业层面的角度提出以下建议：第一，创新型企业、潜力型企业以及龙头型企业，要参与到国际产业链的高级层面，占据价值链高端环节；第二，配套型企业要为核心企业提供配套服务，如提供转包或外包等服务；第三，从产业层面上看，要从宏观角度强调产业链的完整和均衡的配套，重视产业链上传导机制的完善，最终来实现产业链升级。

吴天宝和刘志迎等（2008）构建了基于产业链的中国装备制造业技术进步机理图，并且分析了产业链上与产品格局上的技术进步机制。

基良群和王巍等（2008）对黑龙江省装备制造业的产业链现状以及特点进行了分析，同时基于其汽车制造业产业链的现状、重型机械制造业产业链的现状、发电设备制造业产业链的现状，指出其存在产业链条较长、产业链条不完整、产业链多链并行、设备制造难度大以及节点企业自主研发和创新能力较弱，大部分产品还处于整个产业链条的低端位置等问题。同时，还表明其节点企业多数为国有企业，其信息化发展不平衡等特点，并要求政府促进作业发展模式、集群发展模式以及配套企业形成发展模式，此外，还要加强产学研的合作交流，通过高新技术等手段不断优化升级与改造黑龙江省的装备制造业。

范忠宏（2009）基于装备制造业产业链整合方面的视角，以沈阳的装备制造业为研究对象，分析装备制造业的产业链整合以及装备制造业产业链整合的方式，主要从两个方面来探讨：第一，基于混合和整合视角，整合其产品相关性较高的企业，并使其成为具有国际竞争力的企业；第二，基于横向整合视角，通过企业自身拥有的高科技和规模实力，整合和匹配同行企业，通过产业链的整合，弥补其薄弱环节，提高其产业链的整体竞争能力。

吴海荣和吴满琳（2010）分析了上海核电装备制造业的创新能力，通过模块化体系来整合自己的产业链，在此基础上，上海核电装备制造业能充分有效利用各个方面的资源，并且形成了模块化网络状的产业链来提高其自主的创新能力。

二、价值链理论的研究现状

（一）从"价值链"到"全球价值链"的理论发展

1. 价值链（Value Chain）

哈佛大学的迈克尔·波特（Michael Porter，1985）最早提出了价值链的概念。他认为，企业的价值创造过程主要由基本活动和支持性活动组成。基本活动主要包括原材料供应活动、生产活动、营销活动、运输活动和售后服务等；而支持性活动主要包括技术活动、研发活动、人力资源活动和财务活动等。这些活动形成了价值链，在价值创造过程中是相互联系、彼此依存的，并构成了企业价值创造的行为链条，因此，这一链条被称为价值链。

波特指出，从系统观点看，企业价值链可分为内部价值链和外部价值链，内部价值链指企业通过自身内部活动创造价值链的行为组合，外部价值链则指企业与供应商、分销商、消费者等共同组成的相互关联的一系列价值活动。作为全球价值链概念的基础，波特的价值链理论既包含企业的价值增值活动，也包括从系统论透视整个价值链全貌。波特的价值链理论表明，经济全球化背景下的现代企业竞争绝不仅仅是某一价值环节的竞争，而是企业整个价值链的综合竞争，从而成为企业竞争力、产业竞争力乃至地区或国家竞争力的重要基础。

企业的价值创造主要是由一系列活动所构成的，这些活动可分成两大类，其中，一类是基本活动，主要包括生产作业、内部后勤、外部后勤、市场和销售以及服务等活动；另一类是辅助活动，主要包括技术开发、采购、人力资源管理以及企业基础设施等。这些不同而又相互关联的生产活动构成了企业价值创造的动态过程，也就是价值链。价值链管理重点要强调的是从总成本的角度来考察一家企业的经营效果，并不是只追求单项业务活动的完善和优化，同时，对价值链上各个环节加以协调，来提高企业的整体业绩水平。波特给出了企业的基本价值链构成，并分析了基本价值链的结构模式，具体如图2-4所示。

价值链与产业链是相辅相成的，价值链是产业链的另一种表现形式，价值链是通过产业链的内在价值来体现的价值链条，但又有别于产品链。价值链是不能独立存在的链条，并以产品链为载体，当产品顺利实现时，价值才能真正实现，也就是说，产品链的实现过程，也就是价值转移与创造的过程，二者是相辅相成的。

价值链是以产品链为载体的，在整个产业链中，产品链起到的是基础性和载体性的作用，是产业链中最基础的链条。产业链的功能和价值需要从产品链中体

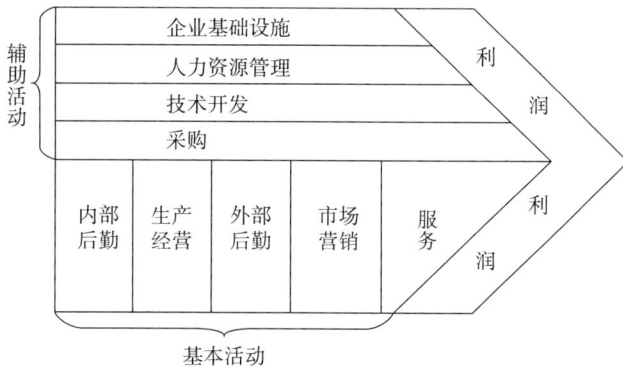

图 2-4　基本价值链

现，而价值链是以产品链为基础，基于价值角度提炼出来的，也被称为另一种形式的链条。价值链运行的过程就是产品从原材料到消费者的过程，这也是产品链运行的过程。

　　价值链上的节点是由企业构成的，企业是由一个个生产单位所组成，是由各种人力、物力和财力所组织在一起并进行产品生产的组织。单个企业可能占据产品链上的一个节点或多个节点，同时它也可以把产品链分成几个部分来组织生产活动，从另外一种角度来讲，也是产业链上的各个企业彼此间竞争的结果，所以说企业是基于组织的角度来针对产品链进行划分的。价值链是以各个企业为节点所形成的链条，企业在链条上所形成的价值过程是由两个方面组成的：一是投入产品以及投入人力或者劳动要素的转移；二是企业投入人力或者劳动力转移的过程就相当于产成链在投入品到产成品过程中的一个或者几个节点。

　　2. 价值增加链（Value—added Chain）

　　宾夕法尼亚大学的布鲁斯·科古特教授（Bruce Kogut，1985）提出了用价值增值概念来分析国际战略优势的观点，价值链是技术、劳动力、原材料投入等的有效组合，而一个企业的全球战略谋划过程是价值链各功能环节的配置过程，企业的竞争优势体现在价值链所显现的优势环节上，当企业的竞争优势体现在价值链中的具体环节时，企业就决定应该在价值链条上的哪个环节投入的资源更多，来确保企业的竞争优势。

　　Kogut 认为，"价值链基本上就是技术与原料和劳动融合在一起形成各种投入环节的过程，然后通过组装把这些环节结合起来形成最终商品，最后通过市场交易、消费等最终完成价值循环过程""在这一价值不断增值的链条上，单个企业或许仅仅参与了某一环节，或者企业将整个价值增值过程都纳入了企业等级制的体系中"。

Kogut 还认为，国家的比较优势以及企业的竞争能力，其二者的相互作用实际上是国际商业战略的设定形式。一方面，国家的比较优势能够决定整个价值链条上各个环节在国家或地区之间如何配置；另一方面，企业的竞争能力能够决定企业在其价值链条上的环节所占有的竞争优势。同时，他还把价值链表述成一个过程，也就是说，价值链是厂商通过投入技术、原材料以及人力，之后生产产品、投入市场以及销售产品的价值增值过程。在这个过程中，每个厂商仅仅参与其中某一个环节，并且厂商也可以将整个价值增值的过程在企业等级制的体系中体现，同时强调的是，厂商的各项活动与技术都与其他公司发生联系。

Kogut 所提的理论与波特的理论有所不同，前者强调的是价值链的垂直分工特征，以及基于全球生产网络视角的不同区位配置的功能；后者注重的是单个企业的竞争优势，Kogut 的理论对全球价值链理论的形成非常重要。

3. 全球商品链（Global Commodity Chain）

格里芬等（Gereffi & Korzeniewicz，1994）在对美国零售业价值链研究的基础上，将价值链分析法与产业组织研究结合在一起，提出全球商品链分析法。在经济全球化的背景下，商品的生产过程被分解为不同阶段，围绕某种商品的生产形成一种跨国生产体系，把分布在世界各地不同规模的企业、机构组织在一个一体化的生产网络中，从而形成了全球商品链。

格里芬（Gereffi，1994）等认为，全球商品链应该包括以下内容："通过一系列国际网络将围绕某一商品或产品而发生关系的诸多家庭作坊、企业和政府等紧密地联系到世界经济体系中；这些网络关系一般具有社会结构性、特殊适配性和地方集聚性等特性；任一商品链的具体加工流程或部件一般表现为通过网络关系连接在一起的节点或一些节点的集合；商品链中任何一个节点的集合都包括投入（原材料和半成品等）组织、劳动力供应、运输、市场营销和最终消费等内容。"

Gereffi（1999）基于跨国公司的视角研究价值链活动时发现，网络化是当前世界经济生产活动中的主要特征，跨国公司是国际生产网络化的主体，起到主导作用，它们将与世界经济生产活动中的各个相关企业紧密地联系在一起，共同融入到全球商品的生产链中。在这个全球商品的生产链中，每个基本单位都是一个节点，每一个节点都由原材料投入、市场营销、运营组织等内容环节所组成。尽管 Gereffi 所提到的理论仍然局限于跨国公司的基本商品概念，但却成为全球价值链空间布局的基础，并为其未来的发展提供了方向。

Gereffi 等对全球商品链进行了分类，共分成两类：第一类是采购者驱动型商品链（Buyer-driven），主要是指散布于全球生产网络的大型零售商、品牌制造商以及经销商，它们是在建立和协调过程中所起到核心作用的组织形式。另外，采购者驱动型全球商品链并不通过所有权关系来建立其高能力的供应基地来开展全球生产和分销系统的构建，它主要通过非市场的外在能力进行调节。第二类是生产者驱动型商品链（Producer-driven），主要是指一种垂直分工体系，规模庞大的跨国制造商在建立和调节生产网络的过程中，起到了核心和主导作用。举例说明，在生产者驱动链中，如制造先进飞机的制造商既能获得高额的利润，也能控制上下游环节，如上游原料和零部件的供应商以及下游的分销商和零售商。同时，Gereffi 还指出了各国产业在促进商品链共同进步中，生产者驱动起到了至关重要的作用。

4. 全球价值链（Global Value Chain）

2001 年，Gereffi 在全球商品链概念的基础上进一步提出了全球价值链的概念。全球价值链一方面揭示了目前世界经济运行中的动态过程；另一方面也为生产活动在全球范围内的空间布局提供了一种方法。同时，全球价值链分工理论以跨国公司为研究对象，研究其生产活动在全球范围内的空间布局，此时，产品的国别属性已经变得越来越模糊，最终的产品很难识别或准确描述其国别属性。价值链由设计、生产、组装、营销、售后服务等一系列环节所组成，尽管价值链上各个环节的利润程度各不相同，但每条全球价值链上总是存在一些能够创造更高利润的战略环节。

2002 年，联合国工业发展组织（UNIDO）通过另外一种视角提出了全球价值链的概念：这是一种在全球范围内的生产活动，该生产链涵盖商品生产与服务环节，这种连接不同区域的生产、加工、销售、回收等环节的跨国性生产网络，可被解读为一种全球性的价值链。也就是说，基于全球视角的每个企业在价值链的环节中都会根据自身的优势来承担不同的功能，并获得各自不同的利润，同时通过与该链条上的主供应商以及跨国公司的相互合作和协调来保持竞争优势和持续运作。

英国 Sussex 大学的发展研究所（Institute of Development Studies）是目前对全球价值链问题进行较广泛研究的机构，它将全球价值链定义为产品在全球范围内，从概念设计到使用直到报废的全生命周期中所有创造价值的活动范围，包括对产品的设计、生产、营销、分销以及对最终用户的支持与服务等。组成价值链的各种活动可以包括在一个企业之内，也可以分散各个企业之间；可以集聚于某个特定的地理范围之内，也可以散布于全球各地。全球价值链是产品从设计环节到最终报废整个生命周期中，创造价值的全部活动组合。这种以产品为中心轴的跨国性生产组织活动，非常重视产品链上的增值环节，同时也很看重价值链中各企业之间的互动与利益分配。

与全球商品链相比，全球价值链理论虽然也十分重视价值环节在地理空间上的片断化、价值链的重组、价值链条的协调、治理和动力等方面的分析和研究，不过其在研究和分析上更加细化和严密。表2-3对全球价值链理论的演变过程进行了归纳。

表2-3　全球价值链理论的演变过程

	价值链	价值增加链	全球商品链	全球价值链
代表学者或机构	M. E. Porter	Kogut	Gereffi 等	Gereffi、联合国工业发展组织（UNIDO）、英国 Sussex 大学等
提出时间	20 世纪 80 年代中期	20 世纪 80 年代中期	20 世纪 90 年代中期	21 世纪初期
代表性观点或论点	企业竞争绝不仅仅是某一价值环节的竞争，而是整个价值链的综合竞争，这是全球价值链概念的基础	价值链组成环节在全球空间范围内配置，对全球价值链观点的形成至关重要	基于产品生产形成的跨国生产组织体系，突出商品概念，在全球价值链研究中起到了里程碑的作用	以产品为轴线的全球性跨企业网络组织，注重产品的增值环节、价值链内企业关系与利益分配

资料来源：涂颖清. 全球价值链下我国制造业升级研究［D］. 复旦大学博士学位论文，2010.

（二）价值链驱动模式

全球价值链理论中关于动力的研究，基本延续了格里芬等在全球商品链研究中给出的全球商品链运行的生产者驱动和购买者驱动两种模式，认为全球价值链条的驱动力基本来自生产者和购买者两方面。生产者驱动指由生产者投资来推动市场需求，形成全球生产供应链的垂直分工体系，投资者可以是拥有技术优势、谋求市场扩张的跨国公司，也可以是力图推动地方经济发展、建立自主工业体系的本国政府。通过生产者控制产业链，垄断核心技术，生产高新技术产品来推动产业链的升级。通过不断更新产品功能，使生产者在产业链上处于核心位置，于是对下游企业起到了极大的控制作用，具体如图2-5所示。

购买者驱动指拥有强大品牌优势和国内销售渠道的经济体通过全球采购和OEM 等生产组织组织起来的跨国商品流通网络，形成强大的市场需求，拉动出口导向战略的发展中地区的工业化。同时，将用户需求的变动反馈到产业链的生

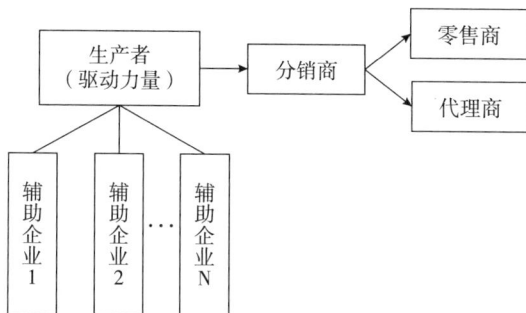

图 2-5 生产者驱动的价值链

产，从而调节制造产量，对产业链的生产起决定作用。其能够产生驱动力量的根本原因在于从满足用户需求的角度来调整产业链，实现价值创造，从而驱动产业链升级，具体内容如图 2-6 所示。

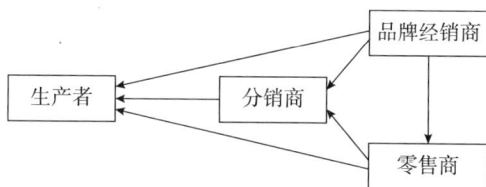

图 2-6 购买者驱动的价值链

从全球价值链驱动力的区别看，不同的价值链条应该有不同的游戏规则。以产业资本为原动力的全球价值链条更加强调技术的研究与发展、生产工艺的不断改进、产品的不断更新、通过产业的垂直一体化来强化规模经济效应和加强基础设施等硬件建设等方面；而以商业资本为原动力的全球价值链条则强调市场营销、拓展销售渠道获得范围经济、将制造业从产业链条中分离出去、加强信息等软环境的建设。由此看出，在参与全球竞争的产业发展过程中，如果该产业参与的是生产者驱动的全球价值链条，那么以增强核心技术能力为中心的策略就是合乎全球竞争规则的正确路径；同样，那些参与采购者驱动的全球价值链产业，就更应强调"销售渠道"等的拓展，进而获取范围经济等方面的竞争优势。

全球价值链从驱动力上主要分为生产者和采购者，两者驱动的区别从动力根源、核心能力、进入障碍、产业分类、典型产业部门、制造企业的业主、主要产业联系、主导产业结构和辅助支撑体系 9 方面进行比较研究，具体内容如表 2-4 所示。

表 2-4　生产者和购买者驱动的全球价值链比较

项目	生产者驱动的价值链	购买者驱动的价值链
动力根源	产业资本	商业资本
核心能力	研究与发展、生产能力	设计、市场营销
进入障碍	规模经济	范围经济
产业分类	耐用消费品、中间商品、资本商品等	非耐用消费品
典型产业部门	汽车、计算机、航空器等	服装、鞋、玩具等
制造企业的业主	跨国企业，主要位于发达国家	地方企业，主要在发展中国家
主要产业联系	以投资为主线	以贸易为主线
主导产业结构	垂直一体化	水平一体化
辅助支撑体系	重硬环境、轻软环境	重软环境、轻硬环境
典型案例	英特尔、波音、丰田、海尔、格兰仕等	沃尔玛、国美、耐克、锐步等

资料来源：Gereffi G. International Trade and Industrial Upgrading in the Apparel Commodity Chain ［J］. Journal of International E-conomics，1999，48（1）：37-70.

（三）价值链与产业链

价值链与产业链既有区别又有联系。价值链是基于微观视角，而产业链的研究视角是从宏观出发。同时，价值链通过微观层面以及价值创造的视角对产业链中价值增值的过程和机理进行阐述，由此可见，二者既有联系又有区别。下面对价值链与产业链之间的关系进行阐述：

第一，企业价值链与产业价值链。正如上一小节所述，价值链的概念是由波特教授（1985）在《竞争优势》一书中首次提出的。价值链主要指一系列活动的集合体，具体包含设计、生产、销售、服务等活动。价值链的实质是通过更多单个价值活动单元在一起共同分工和协作，来创造出更多、更大的价值。之后价值链的范围从企业层面扩大到产业层面，形成了产业价值链。产业价值链是指企业或者行业基于价值的角度来界定其在竞争中的经济活动，同时波特还提出了价值系统的概念，他认为整个产业价值链包括企业价值链、供应商价值链、买方价值链和渠道价值链等。此外，当分析一个国家的比较优势时，一方面要分析价值链中的增值环节，而另一方面更为重要的是要控制整个价值链的关键环节。

价值链更加强调的是价值创造环节，产业价值链注重的是组织的职能及其相互关系。因此，企业的价值链被包含在产业价值链之内，是产业价值链中的一部分。根据波特的观点，从产业链的视角出发，每一个企业是包含在其产业链中的，企业若要获得或保持可持续的竞争力，一方面要考虑企业内部的价值链，另一方面也要关注产业价值链。其产业价值链可以被看作是核心竞争力内部的有序化过程，不仅要强调内部价值链的核心竞争力，同时也要强调外部价值链中各项活动之间的有效协调。

第二，产业链。产业链本身是一个经济学概念，同时具备了产业和企业的双重特征，一般来讲，学者们更加关注产业链宏观和战略方面的研究。产业链不等同于产业集群，但通常产业集群里包含完整的产业链或产业链片段。一方面，产业链关注的是价值增值过程，重点强调的是产业链中的企业进行整合并协调发展，最终来提高产业的整体效率；另一方面，产业链更加注重研究产业链中的上游、中游以及下游之间紧密联系的经济活动以及产生的价值累加。由此可见，研究产业链必须首先研究价值链，价值链是产业链的研究基础。

第三，价值链与产业链。价值链与产业链是紧密相连的，二者的表现形式都体现在产业集聚发展方面，包含在生产的各个环节中。Franco Morganti（2002）明确提出价值链是产业链的价值形式。二者之间的区别在于，价值链理论更加关注的是价值链中各个环节的价值，通过货币的形态在产业和企业之间进行协作与竞争。这里需要强调的是，价值链中并不是每个环节都会产生增值价值，而是特定的环节是会获得竞争优势的战略环节。

产业链理论更加关注的是产业中上游、中游以及下游之间的紧密联系，以及它们的生产经营活动所产生的价值累加过程。通过企业数量、区域范围和生产规模等来体现产业和企业之间的协作关系。由此可见，产业链一方面体现了产业内一系列生产活动的衔接过程；另一方面也体现了这些活动的价值创造和组织结构，产业链实质上是供需链和价值链的综合体现。价值链与产业链既有联系又有区别，具体如表2-5所示。

表2-5 产业链与价值链的区别与联系

关系	项目	产业链	价值链
区别	反映的内容	产业内部生产的技术投入关系	各个环节的价值增值关系
	关注重点	产业关联	价值增值
	结构形态	链网结构	链状结构
	研究层次	企业与产业	企业内部
	构建目标	提高竞争优势	企业价值最大化

续表

关系	项目	产业链	价值链
联系	表现形式	二者在形成过程中表现为产业的聚集发展	
	包含的内容	二者都包含了产品生产的各个环节	
	衍生的范围	二者的衍生范围相同	

资料来源：笔者整理所得。

（四）基于装备制造业的价值链研究

1. 基于装备制造业的价值链组织模式

杰里菲等（1994）将全球价值链分为两种类型：生产者驱动价值链和购买者驱动价值链。购买者驱动价值链的特点是劳动密集型行业，其生产环节是依据全球不同的资源优势将不同环节的业务分包给不同的国家或地区；生产者驱动价值链的特点为资本和技术密集型行业，一般来讲其产品为复杂产品，如装备制造业就是生产者驱动价值链，其特点是知识和资本密集型行业，装备制造业在产品生产过程中所涉及的工序较多。Giuliani（2005）提出，装备制造业中处于行业领导地位的一些企业，它们都具有极高的设计和技术能力。

生产者驱动价值链是资本和技术密集型行业，整个价值链的核心利润来自其先进的技术和规模化的生产，以及企业追求的技术创新能力等，这些都是生产者驱动价值链保证其竞争优势的资源，也正是这些具有核心资源和创新能力的装备制造企业，才使其有能力和机会处于领导者地位。由此可见，领导型装备制造业既需要治理其价值链，又需要有效控制价值链上的各种资源。居于领导者地位的装备制造业需要与价值链上的其他企业进行合作，来获取低廉和自己不占优势的生产要素，这样的合作一方面可以保护和发展自己的核心竞争力，另一方面可以发挥自身优势并设置壁垒，以使更多的企业不能进入核心环节，这样可以保持其在价值链位置的核心竞争优势。另外，处于核心位置的装备制造企业要建立一种价值链治理模式，来管理价值链上居于领导型企业与其他各环节企业之间的关系，同时治理模式又取决于企业间的经济组织模式。

根据企业在全球价值链中的地位高低的不同，可以把企业分为领导型企业、高层级供应商以及低层级供应商3种类型。第一种类型是领导型企业，居于价值链的高端环节，领导型企业对价值链上其他合作商的地位和发展具有直接影响力，是全球价值链的主导者，其中领导型企业又被分为合同制造商和品牌领导者。Henderson 和 Philips（2004）研究表明，合同制造商和品牌领导者对其价值链上的关键和核心资源具有控制和创新能力，同时又具有良好的协调和沟通能力，这也是它们的核心竞争能力。高层级供应商除了对核心研发和战略性营销保持竞争优势之外，还承担着价值链上所有的增值环节。低层级供应商一般直接与高层级供应商进行联系与交易，很少能接触到领导型企业，低层级供应商主要利用其低成本的资源进行低附加值活动，具体内容如图2-7所示。

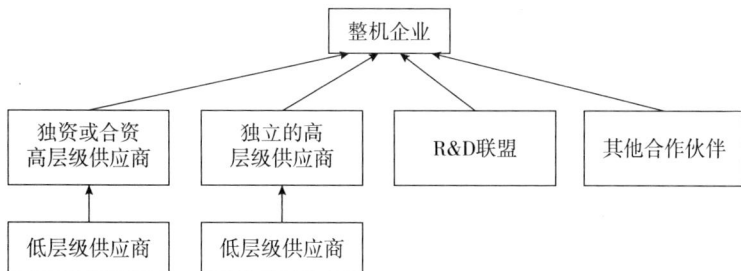

图 2-7 生产者驱动价值链分工体系

2. 基于装备制造业的价值链治理模式

基于全球价值链的治理者对价值链参与者的控制程度，关于价值链治理模式，主要被分成3种类型和5种类型。

价值链治理模式有市场型、网络型和层级型3种。Powell（1990）和Meyerstamer（2000）是提出这种治理模式分类标准的主要代表人物，它们主要比较和分析了治理结构的交易方式、弹性程度和行为主体3个方面。Humphrey等在价值链治理模式的3种类型之上又增加了准层级制治理类型，该类型强调治理者在对其他企业实施控制时，是通过规定产品的工艺流程和技术标准来进行的。这种类型的治理模式让企业之间相互形成了依赖和控制关系，一方面，主导企业会在全球价值链中制定相应的规则；另一方面，主导企业会接受其他企业的部分产权让渡。

Humphrey和Sturgeon（2016）在3种类型的基础上进一步细化价值链治理模式，将价值链治理模式分成5种类型：①市场型；②模块型；③俘获型；④关系型；⑤层级型。目前，关于价值链治理模式的研究，大多数国家（包含发达国家与发展中国家）的价值链分工被称为俘获型治理模式，具体指价值链是由一个或几个主导企业进行控制，其他非主导型的中小企业主要依赖于主导企业。

3. 基于装备制造业的价值链定位作用机理

综上所述，装备制造业价值链是典型的生产者驱动价值链。这种价值链的特征是主要通过投资的产权关系来控制主要环节，装备制造业的领导型企业一方面要基于全球价值链将全球各地的供应商紧密联系起来，另一方面将诸多默示性的知识在价值链上转移给其他企业。与内部技术转移相比，基于价值链视角，跨国公司在进行技术转移的过程中，不能通过产权的方式来制约外包企业，同时，在技术转移过程中容易出现技术泄露给其他企业的风险。尽管如此，跨国公司仍然采取技术转移的方式，主要原因是，通过技术转移的方式，外包企业通过人力资源汇聚和技术溢出效应，来获取更多的益处，同时促进跨国公司在整条价值链上的竞争优势。

（1）领导型企业发展核心竞争优势和保持核心技术。

基于资源基础理论的视角，企业的核心竞争优势主要表现在难以复制和难以获取的资源。具体来讲，领导型企业为保持和发展其核心竞争优势，在进行技术转移的过程中，一是要注意保留核心技术；二是要设置模仿性壁垒，防止其核心技术外溢。此外，领导型企业会通过价值链各个生产环节的地理分离度，来控制发展中国家或地区参与学习的机会，有些国家即使其环节已经升级了，但由于地理分离度的关系，无法参与到整个价值链的竞争。一般来讲，领导型企业只向高层级供应商进行专业技术转移，供应商层级越低，所获得参与知识的机会就会越少。

（2）配套型企业学习能力不足而难以形成核心技术。

Morrison（2008）提出技术的复杂程度和适用性程度会影响价值链治理模式，也会影响参与价值链生产企业的机会和升级速度。由于传统制造业的相关技术复杂程度较低，所以要求生产企业的技术能力较低，这样很容易参与到全球价值链当中。但若技术比较复杂，对代工的要求就会很高，需要一定的技术能力和学习能力。因此，这会对企业有着一定的限制，学习成本的门槛以及存在着的诸多不确定性，会导致很多企业的内部学习动力不足，难以选择升级路径。由此可见，对于价值链条的提升，一方面需要领导型企业的驱动力，另一方面也需要相关配套企业的技术能力跟进。

基于价值链定位的视角看，由于企业处在价值链中的不同环节，所以企业具有不同的研发能力以及对终端销售的掌控能力，一方面，各企业对市场的影响力不同，另一方面，也决定了各个企业占据的价值链位置。基于更深的角度看，企业占据价值链的位置不同，也决定着其在价值链中的整体利益贡献和分配存在着差异。同时，对于装备制造业而言，每个国家所占据其价值链的环节，不仅决定了利润分配，也决定着其获得核心竞争力的动力。综合而言，领导型企业要通过设置学习壁垒来保持其核心技术；而配套企业由于缺乏学习机会和学习能力不足，所以难以形成核心竞争力。

第三节　全球价值链视角下产业位势比较研究综述

21 世纪以来，随着全球一体化进程的不断加深，跨国公司开始将一些非核心生产和服务环节外包给发展中国家，这一举措一方面使这些公司能够将资源集中于自己的核心业务以提高自身竞争力，另一方面也使发展中国家有机会融入全球价值链条中来。

基于全球价值链理论，跨国公司在全球范围内配置和整合价值链的不同环节，其中包括中间产品生产及最终产品生产、营销、研发等，价值链上的各个环节，将产品从原材料到最终消费者整个生产过程划分成多个相对独立的环节，通过研究方法来测量不同环节价值创造与利益分配问题越来越重要了。一个国家或者地区在全球价值链的参与程度、位置测度与比较受到众多学者的青睐。

在产业位势比较研究方面，学者们提出，在国际化分工背景下，产业合作在不断发生着变化。一方面，产业合作的基础体现在比较优势与资源禀赋；另一方面，人们开始关注价值链各个环节价值创造与利益分配的测算问题，对产业全球价值链进行分析，并测度一个国家或地区产业在全球价值链的地位，这些研究已经成为全球价值链的热点。

一、基于全球价值链位势比较的理论研究

随着生产要素的不断投入，资本和技术要素在现代生产中占据主导地位，再加上生产的迅速发展，不断积累呈现差异。一个国家或者地区，它们所拥有的自然资源、劳动力资源和资本构成决定了比较优势的变化。以装备制造业为例，资源禀赋的差异就是本国装备制造业成本的差异，而这种差异正说明了一个国家或地区的优势。在这个基础上，装备制造业积累产业资源、技术和管理能力，基于此，资源禀赋的质量就是这个期间装备制造业发展的主要动力。

产业合作的基础体现在比较优势和资源禀赋，下面就比较优势理论的发展过程进行简单梳理，主要从传统的比较优势理论和比较优势理论研究的新进展两个视角来进行研究。

1817 年，自李嘉图提出经典性模型以来，李嘉图成为比较优势理论的创始者，后来经过两个世纪的发展研究，比较优势理论已经逐步形成了一套理论体系。

（一）传统的比较优势理论

传统的比较优势理论包含比较成本理论和要素禀赋理论。其中，比较成本理论是传统比较优势理论的基石，同时也是传统比较优势理论的核心所在。在比较成本理论的基础上，要素禀赋理论形成与发展，并比比较成本理论向前迈进了一大步。要素禀赋理论分析了比较成本差异的动因，也就是提出了比较优势理论的来源问题。

1. 比较成本理论

众所周知，比较优势理论的创始者是李嘉图，他又称其为比较利益论。李嘉图提出国际分工和自由贸易要依据各个国家或地区的生产成本来区分，具体来讲，一个国家或者地区即使不能生产出绝对低成本的商品，但只要能生产出相对低成本的商品，就有权力和优势同另一个国家或者地区进行贸易往来，并且使双方都达到互利互惠的权益。综合来讲，李嘉图的思想可以概括成"两优取其重、两劣取其轻"，但相对比较理论只限于两种商品之间，而在现实世界当中，商品是千姿百态、多种多样的，因此，李嘉图的相对比较理论并不适用两者以上商品的比较。

基于此，李嘉图的相对比较理论在其追随者的研究下，提出了具有代表性的D-F-S模型：这种模型的比较对象由原来两种商品之间的比较扩展到了两国多种产品的分析，若本国产品的相对劳动生产率高于其他国家的相对工资，那么本国与其他国家相比，具有生产这些产品的比较优势，因此应该生产并出口本国的产品给其他国家；否则，要从其他国家进口这些产品。

在加速社会经济发展方面，比较成本理论的作用是巨大的。在国际贸易理论中，比较成本理论的最大贡献在于，首次为自由贸易提供了强有力的证据，从劳动生产率差异的角度解释了国际贸易发生的重要原因。目前，比较成本理论仍然是发展中国家制定经济贸易战略的重要理论依据。此外，该理论已经被许多国际贸易教科书所引用。

比较成本理论的局限性是在技术不变的情况下，它只考虑一种劳动生产要素，但在资本要素在生产中起到的作用越来越重要时，这种单一要素就显示巨大的局限性。

2. 要素禀赋理论

在李嘉图提出比较优势理论的基础上，瑞典经济学家赫克歇尔和俄林提出了要素禀赋理论，这一理论的出现使国际贸易理论达到了一个新的发展阶段，基于一个新的视角来分析比较优势所产生的原因。一般来讲，比较优势理论单纯基于技术差异的视角分析国际贸易产生的原因、结构和结果,而要素禀赋理论是基于要素禀赋来阐述国际贸易产生的原因、结构和结果。因此,要素禀赋理论更接近现实,在国际贸易领域中取代了李嘉图的比较优势理论并占据了主流地位。

要素禀赋理论是赫克歇尔和俄林提出来的,因此也被称为赫克歇尔—俄林要素禀赋理论,简称 H-O 理论,还被称为贸易格局定理、专业化分工定理、要素贡献定理以及要素比例定理。要素禀赋理论的核心内涵是较有效地利用各种生产要素,合理进行国际化分工,所遵循的原则一方面是每一个国家应多生产本国占优势或者更丰裕的商品,并多向其他国家出口这些商品;另一方面是要从其他国家进口那些本国稀缺或者没有生产优势的商品。简单来讲,就是各国要生产和出口那些本国有着丰富生产要素的商品,而进口那些本国稀缺的生产要素的商品。

要素禀赋理论的主要思想是在已知和比较各国在技术和生产要素存在差异化的条件下,各个国家应该选择出口本国相对富裕且价格相对便宜的产品;进口本国生产要素相对稀缺、短缺以及价格高的产品。

要素禀赋理论要基于比较成本来阐述比较优势的原因,同时,这一理论建立在一般均衡分析的基础上,提出相对成本差异化的动因,由此形成了传统的比较优势理论。赫克歇尔—俄林的要素禀赋理论是以一般均衡分析为基础,并研究比较优势的动因,是从一个更新的高度来进行研究的。这个视角对以后研究国际贸易中人力资本、不同市场结构的影响、技术等要素起到了基础性和方向性的作用。

尽管李嘉图的比较优势理论以及赫克歇尔—俄林的要素禀赋理论仍然属于核心的传统比较优势理论,但其在贸易理论方面仍然占据着主导地位,经过多年的发展,国际贸易的不断变化以及产业内贸易和公司内贸易发生的变化等,这些都对传统比较优势理论构成了威胁与挑战。基于此,学者们重新基于一种新的视角来分析和论述国际贸易发生的动因,将比较优势理论推向符合目前贸易环境的比较优势阶段。

（二）比较优势理论的新发展阶段

比较优势理论的新发展阶段基本遵循两种思路:第一,基于技术、成本以及要素动态变动的视角来分析比较优势的变化和发展。主要的代表性学者及理论为:筱原三代平（1955）提出了动态比较费用理论,他指出,比较成本不是固定的,而是可以发生转化的,因而形成了动态的比较优势理论;赤松要（1936）提出了雁行形态理论,小岛清（1973）提出了边际产业转移理论,他们的理论指出各个国家应该知道本国的比较优势产业,并要大力发展本国的比较优势产业,对于不具有比较优势的产业所采取的策略是转移到国外;波斯纳（1961）提出了技术差距理论，弗农（1966）提出了产品生命周期理论，他们的理论主张各个国家基于技术发展的不同阶段，把本国具有不同比较优势的产业作为进行国家贸易的标准，这一理论被认为是当代比较优势理论发展的重要里程碑；巴拉萨（1979）在外贸优势转移假说的基础上，形成了阶梯比较优势理论，这一理论指出，随着生产要素积累状况发生变化，各国外贸结构和比较优势也会随之发生变化。

第二，基于新的视角来分析比较优势所产生的原因，主要从分工、规模经济以及交易成本的角度进行分析。迪克西特（1977）、斯蒂格利茨（1977）和克鲁格曼（1990）等基于规模经济的视角，在不完全竞争框架下来分析比较优势所产生的原因，以较新的视角来研究比较优势，充分阐述了产业内贸易活动，重点研究了比较优势在贸易变化中的作用。同时，学者们将比较利益分成后天比较利益和先天比较利益。后天比较利益是指来自规模经济的比较利益；而李嘉图的比较优势理论和赫克歇尔—俄林要素禀赋理论中的比较利益被称为先天比较利益。20世纪80年代以后，杨小凯等（2000）基于分工的视角进一步分析和解释了比较优势的动态变化，并在此基础上引入交易费用的思想，最终提出内生比较优势理论，以新的视角指出和分析比较优势产生的原因。

经过几百年的更新、发展和扩展，比较优势理论一直是贸易理论中的核心理论，并是诸多新贸易理论的形成、发展以及前进的奠基石，同时也代表着当今国际贸易理论中最为重要的理论结构以及不可替代的理论基准。由此可见，比较优势理论一方面强调了现代比较优势理论的研究；另一方面让我们更充分地理解了当今国际贸易的新发展，以及在更好的开放条件下研究资源配置问题。关于比较优势理论未来需要继续深入研究的方向和思路，主要有：①要更好地利用比较优势理论来分析和阐述目前的产业内贸易现象；②重点研究比较优势理论与发展中国家的匹配性和适用性；③充分了解比较优势陷阱的性质和出现的可能性；④通过运用本国的比较优势来实现产业结构升级，一是保持和发展本国经济的持续稳定发展；二是使发展中国家与发达国家的经济实现互补，发展比较优势。

根据文献分析，学者们早期主要运用比较优势理论，通过生产要素、需求、支持性产业及相关产业、企业战略、结构与竞争者等分析和比较产业位势。

目前，全球化分工已经不仅是单纯的产业间分工与产业内分工，而是不断地向产品内分工演化。产业合作的基础不仅仅体现为比较优势与资源禀赋，而是需要对产业全球价值链进行分析。根据全球价值链理论，测度一个国家或地区产业在全球价值链上的地位主要从两个方面展开：①测度并分析一国或地区产业在全球价值链上的具体环节或工序；②测度并分析一国或地区在全球价值链中的经济价值或收益。

二、基于全球价值链位势比较的测度研究

随着全球价值链理论研究的逐步深入，人们开始关注价值链各个环节价值创造与利益分配的测算问题。根据文献的梳理，测度一个国家或地区产业在全球价值链上的地位主要从两个方面展开：第一，测度并分析一个国家或地区的产业在其整个全球价值链上所处的具体环节或工序位置。具体来说，是测试一个国家或地区的各个产业在全球价值链上处于哪一个位置，是处于中间产品的生产环节还是原材料开采，还是最终产品的生产环节；是处于研发环节还是营销环节；是处于产业链的上游环节、中游环节还是下游环节。第二，测度并分析一个国家或地区的产业在全球价值链中的经济价值或收益，也就是说，测度一个国家或地区的产业在全球价值链中所获得的实际利益如何。

（一）基于全球价值链在具体环节或工序的测度研究

在具体环节或工序的测度方面，目前，多国使用投入占用产出表来计算一国出口或国内消费单位产品中，直接消耗或间接消耗的进口品数量。Hummels、lshii 和 Yi（2001）等提出"垂直专业化指数"这一指标，通过投入产出表相关数据对全球价值链地位进行测度。具体来说，从垂直专门化的角度提出了加工贸易出口对国内增加值贡献的测算，通过垂直专业化指标测量某产业在全球价值链中的物理位置，使用数据分析来测量其物理位置，在对我国价值链地位的测度中，一些研究人员借鉴该方法，对我国价值链地位进行了衡量。

1. 垂直专业化指标的测量

垂直专业化（Vertical Specialization，VS）主要指各国中间品贸易大大增加，跨越多个国家的垂直贸易链条不断延长，国际分工深入到了产品的生产阶段内部，每个国家只在商品生产的特定阶段进行专业化生产，也就是在贸易链中的某几个生产环节进行专业化生产。垂直专业化的特点是一国向他国进口中间品作为本国产品的投入品，并将进口的中间品生产加工后出口至第三国，第三国再将进口品当作中间品投入，这样的过程一直持续到最终产品出口至最终目的地为止。此外，Hummels 等（2001）提出垂直专业化会受到要素的价格、福利的获取、贸易模式以及生产形式等方面的影响，并为垂直专业化贸易的测量提供了可能性，后来经过学者们的研究和发展，基于广义层面的视角，使垂直专业化贸易的测量成为可能。

Hummels 等首先提出了狭义垂直专业化的概念，在这一概念中给出了很多的

测量指标。其中，VS 是指一个国家出口的国外中间品的投入；VS1 是指供他国生产中间出口使用的国内产品价值。同时，Hummels 等对 VS 的测量方法也进行了研究。

Hummels 等将他国进出口中间产品投入从一国总出口中剥离出来的思想是后续对贸易增加值进行系统分解的理论基石，是全球价值链测度指标研究的思想源泉，具有开创性意义。

在 Hummels 等的研究基础上，后续的学者构建了测度垂直专业化的其他指标。例如，Daudin 等提出了一个新的垂直专业化指标，被称为 VS1＊，这一指标表明被他国加工生产成最终产品后又被本国进口回来进行最终消费的国内中间产品价值部分，这一指标的使用更加丰富了垂直专业化的概念。Johnson 等基于最终产品被消费的视角，提出增加值出口（VAX）的概念，指虽然在本国生产，但最终被他国消费所吸收的国内增加值。

2013 年，张少军在基于全球价值链的程度来进行测度的视角下，通过使用投入产出表对价值链的地位进行测度，用本区域的出口和调出总额占进口中间投入的比重作为衡量指标。同年，倪敬娥基于全球价值链的视角，研究中国制造业行业的地位测度时，使用垂直专业化指数的指标对制造业的分工水平进行了测度。

2. 全球价值链在具体环节或工序测度的主要指标

经过对文献的整理和分析，对于全球价值链在具体环节或工序测度的主要指标有如下三种：

（1）平均传递步长。

Dietzenbacher 等对平均传递步长（Average PropagationLength，APL）给出了早期的定义，该定义用来测定不同产业部门间的复杂程度或距离。迪森伯格在 Dietzenbacher 的研究基础上，提出平均传递步长主要指从中间产品部门到最终产品部门需要经历的平均阶段数。同时，Romero 等提出平均传递步长有后向和前向之分，其中，前者是指测度最终需求部门影响中间投入部门所需经历的平均阶段数；后者是指中间投入部门影响后续部门所需经历的平均阶段数。倪红福从广义的角度给出了平均传递步长的核算公式，并从狭义的角度给出了价值链位置的各项测度指标，包括平均传递步长、生产阶段数、上游度等测度指标。约翰逊基于微观和宏观视角，总结了全球价值链长度的测算方法，并具体论述了全球价值链长度测算方法在贸易、宏观经济、产业以及环境等领域的应用。

（2）上游度（Upstream）与下游度（Downstream）。

Fally 提出，若一产业部门的产出更多地流入生产网络的上游产业部门，那么这个部门是处于该网络的上游位置。安特拉斯等提出，上游度的测度是指不同的中间部门到所有最终需求部门之间的距离。同时，安特拉斯等把上游度细分成上游度和出口上游度两个指标。上游度是指测量产业在封闭经济情况下无存货时与最终需求端之间的距离；出口上游度是指基于全球价值链的视角来测量各经济体的分工位置，并要根据上游度指标来进行计算。

同样，按照上述的思路可以得出下游度指标，也就是将参照点由最终需求替成原始投入。Ye 等以增加值与总增加值之比为权重，重新对广义平均传递步长进行了定义，并将其作为产业部门的上游度测度指标。安特拉斯等基于产业层面的视角综合了上游度和下游度的概念，在此基础上，通过全球投入产出表创建了一般均衡模型，此模型可以分析和解释产业视角下的上游度和下游度所发生的变化。

（3）生产阶段数。

Fally 将生产阶段数定义成隐含在产品中的生产阶段数量，生产阶段数只是建立在某一国家的投入产出表上，并提出生产阶段数可通过参与产品生产序列的工厂加权和来度量。同时，倪红福等提出生产阶段数量可在全球投入产出模型中使用，并由两个部分构成，一是国际生产阶段数；二是国内生产阶段数。而Fally 是从国内生产阶段数的角度来定义生产阶段数的。

3. 上游度指标测度全球价值链位置

上游度指数是指某部门的产品在达到最终需求之前还需要经历的生产阶段的数目。在用上游度指数对全球价值链的地位以及位置进行测度时，发现三个指标是相互关联的，它们分别是上游度指数和平均传递步长、广义平均传递步长。其中，上游度指数可看作平均传递步长的特殊情况或变体；同时平均传递步长又是广义平均传递步长的特例。在这三个指标中，很多研究表明上游度指数的应用最为普遍。Tang 等（2018）通过计算中国各个产业的上游度指数时发现，他们的研究是有局限性的，即仅限于单国投入产出表。Miller（2015）和 Hagemejer（2017）等基于 WIOD 数据库的指标对跨国投入产出进行研究，以此来反映全球价值链分工中的上下游位置。

一般而言，上游度指数不能直接反映一国某产业的价值增值能力以及全球价值链地位的高低，而只能反映这一产业在全球价值链上的位置。基于上游度指数无法测量全球价值链地位的局限性，有学者在法利（2012）和安特拉斯等（2012）的研究基础上，对上游度测算公式进行了修正。张为付（2017）和约翰逊等（2012）通过测度出口国内增加值来代替传统总值出口数，这一研究弥补了测算中国制造业和服务业在全球价值链上分工地位的局限性。王岚等（2015）也在安特拉斯等（2012）的研究基础上，通过增加值系数指标来测度某个目标行业与其下一生产阶段所处行业的距离，并通过改进上游度指数，构建一个既体现嵌入位置又表现增值能力的全球价值链地位指数。

周华等（2016）也在安特拉斯等的研究基础上，推导出非等间距的产业上游度和贸易上游度的测算公式。此外，王恕立等通过上述两类指标构建了三个指标来反映全球价值链地位：①等间距产业上游度指标；②非等间距产业上游度指标；③非等间距出口上游度指标。

我们发现改善后的上游度指数，一方面能反映各个产业在其全球生产链中的嵌入位置；另一方面也能很大程度上体现出各产业嵌入位置的价值增值能力。但是也存在局限性和缺陷，主要是获得的全球价值链地位的测度很粗略，不能精确、真实地反映全球价值链的位置，由此可见，这种改善后的上游度指数并不能成为全球价值链地位指数测度的首选方法。

（二）基于全球价值链的经济价值或收益研究

有部分学者提出，收益指标或经济价值可以用来衡量价值链的地位。娄思（2013）研究中国制造业的价值链升级时发现，行业的盈利能力可以用来表示价值链权力的大小，同时还指出通过价值链的权利来衡量行业利润率。周新苗（2016）通过对价值链攀升机理的研究，指出以制造业理论率为衡量价值链攀升效应的指标，也就是说，通过我国规模以上工业利润总额与规模以上工业企业销售总额之间的比重来进行衡量。

1. 贸易增加值的内涵和经典范式

为了对贸易增加值进行准确界定，Stehrer（2012）对贸易增加值和增加值贸易的概念进行了明确辨析。贸易增加值主要是指两国贸易往来所产生的增加值；而增加值贸易主要由最终被外国消费吸收的本国直接增加值和间接增加值两部分组成，增加值贸易就是一国的增加值出口减去增加值进口。Timmer（2018）等基于一国总投入等于中间投入与增加值之和的恒等关系式，通过矩阵运算与增加值系数以及与国内完全消耗系数之间的关系，得出了出口增加值系数矩阵，并基于增加值分解视角，将出口分成国内增加值出口和国外增加值出口两部分。这种对出口增加值进行分解的思路为未来在全球投入产出模型中一国总出口的分解提供了价值与方向。

王直等（2015）提出的总出口分解法正是基于这种新思路的拓展与应用，首先设定增加值系数向量 V 以及里昂惕夫逆矩阵 B、L，其次推出完全增加值系数 VB，最后分别通过 9 项分解法和 16 项分解法来分解一国的总出口，并对每个部分的经济含义进行了阐释，具体内容如表 2-6 所示。

表2-6 库普曼等的9项分解法与王等的16项分解法的对比分析

库普曼等的分解法的9项指标		王等的分解法的16项指标	右侧分组
增加值出口 (VT; VAX)	1. 最终产品出口	1. 最终产品出口	最终被国外吸收的国内增加值 (DVA)
	2. 被进口国消化吸收的中间产品	2. 被进口国国内最终需求吸收的中间产品	
	3. 被进口国加工后又出口到第三国的中间产品	3. 被进口国以中间产品出口到第三国而被最终消费的中间产品	
		4. 被进口国以中间产品出口到第三国到第三国被第三国最终需求吸收的中间产品	
出口加工后又回来的中间产品中的国内成分 (VS1)	4. 被进口国加工后又以最终产品被第三国吸收的中间产品	5. 被进口国加工后又以最终产品出口到国内且被国内最终需求吸收的中间产品	返回并被本国吸收的国内增加值 (RDV)
	5. 被进口国加工后又以中间产品进口国国内的中间产品中的国内成分	6. 被进口国生产最终产品出口到国内并被国内最终需求求吸收的中间产品	
		7. 被进口国以中间产品出口到国内而被国内最终需求求吸收的中间产品	
		8. 被进口国以中间产品返回国内而被国内价值出口的重复计算	
	6. 本国中间出口的国内增加值重复计算部分	9. 以进口中间产品出口与最终出口并发生产生的国内产品出口（中间产品出口所吸收的中间产品）	来自于国内账户的纯重复计算 (DDC)
		10. 以进口中间产品返回国内，被国内最终产品出口所吸收的中间产品出口价值的重复计算	
国外价值成分 (VS)	7. 隐含于本国最终出口的国内增加值	11. 本国最终产品出口的进口国国外增加值	11+12=MVA
		12. 本国最终产品出口的第三国增加值	
	8. 隐含于本国中间产品出口的外国增加值	13. 被进口国生产最终产品所吸收的进口国国外增加值	13+14=OVA
		14. 被进口国生产最终产品所吸收的第三国增加值	
	9. 本国中间出口的外国重复计算部分	15. 本国中间产品出口的进口国国外价值重复计算部分	来自于国外账户的纯重复计算 (FDC)
		16. 本国中间产品出口的第三国国外价值重复计算部分	

国内价值部分 (DV)

11~14 项为 FVA，9、10、13、16 项为 FDC，9~16 项为 VS

注：MVA为出口到出口国隐含的进口国增加值，OVA为出口国隐含的第三国增加值，FVA为用于生产本国出口的国外增加值，FDC为本国中间出口的外国价值重复计算部分。

资料来源：伍先福. 贸易增加值分解与全球价值链地位测度研究综述［J］. 中国流通经济，2019，33（4）：33-44.

（1）库普曼等的分解法与王等的分解法的内涵。

基于传统总值贸易核算体系的局限性，库普曼等针对增加值贸易的分解法进行了系统的归纳和提升。首先，他们将一国总出口分解成三个部分：①国内增加值出口；②出口他国但加工后又进口回本国的增加值；③国外增加值。其次，基于出口品的最终价值去向，将每个部分细化成3个指标，在此基础上，最后形成9个具体指标。具体来说，一方面，这种分解方法实现了一国总出口的完全分解，并有效链接了增加值贸易分解方法以及传统的总值贸易核算体系；另一方面，这种分解法没能细化到部门的层面，而是停留在国家的层面。

王等（2018）及王直（2015）等在库普曼等的研究基础上进一步提出一国总出口的贸易增加值的分解方法，该分解公式主要从单边层面深化到双边层面、从国家层面拓展到部门层面，也就是说，在一国双边并且分部门视角下来构建总出口分解公式，为新的贸易增加值核算方法构建系统的操作规则与方法。

（2）以库普曼为代表和以王为代表的分解法之间的对比分析。

以库普曼为代表和以王为代表的分解法，二者思路很相似，根据表2-6的内容显示，两种分解方法有着紧密的对应关系。如表中所阐述的内容：第一，以库普曼为代表的分解法中的第一项和第八项分别与以王为代表的分解法中的第一项和第三项相对应；第二，以库普曼为代表的分解法对以王为代表的分解法的其余七项均可以分解成为两个细分项。在以库普曼为代表的分解法的研究基础上，以王为代表的分解法中的十六项分解式是进一步的分解和延展，能够更充分地反映本国出口到进口国，以及与第三国或本国进一步从进口国与第三国进口的国内中间产品或国外中间产品增加值的异质性，因此，更加精确地成为核算全球价值链位置与地位指标的变量依据。

基于增加值完全分解的视角，王等已经基本完善了基于全球投入产出模型对一国总出口来进行逐层分解的方法和思路。Los等指出以库普曼为代表的基于投入产出和价值增值基本恒等式的运算，解释术语和推导太过复杂，需要必要的提炼和简化。

2. 贸易增加值出口的分解阶段

基于出口复杂度指数的核心是指显示性比较优势指数，并且中间产品贸易需要频繁多次往返于多国投入产出活动，在这种情况下，传统统计口径下的贸易出口额很难准确反映一个国家的显示性比较优势，会造成进一步出口复杂度指数的测算偏误。同时，通过后续研究完全国内增值系数，对最终产品技术含量做出了很大的贡献。分成两个阶段进行展开：

第一阶段：通过完全国内增值系数来剔除国外技术这一贡献，在增加值出口分解阶段，通过增加值出口的最终来源和归宿来对增加值出口进行分解，并据此将总出口分解成国内增加值和国外增加值，同时开始构建细化分解以及总出口分解框架的工作。姚洋等（2008）通过中间品进口比例以及我国投入产出表，以直接消耗系数为权重来构建加权复合技术含量指标，并剔除最终产品技术含量中国外进口品的贡献，之后得出出口净技术含量。杜传忠等（2013）基于贸易增加值分解的垂直专业化模型，使用非竞争型投入产出表，一方面，通过计算得出完全国内增加值系数，从而修正出口复杂度指数体系；另一方面，基于贸易增加值视角构建产品层次的净出口复杂度指数。这里要强调的是，各部门的垂直专业化率等于1减去单位出口品的完全国内增加值系数。由此可见，利用垂直专业化的指数会存在统计偏误，主要是由于基于单国投入产出模型的视角，是无法测度从国外进口中间产品中返回到国内的技术含量。

第二阶段：利用多国投入产出模型的完全国内增值系数剔除国外技术贡献。库普曼等（2014）指出，传统官方贸易统计方法在价值增值上的重复计算会导致采用出口总额计算的显示性比较优势指数失真，从而使出口复杂度指数产生偏误。而价值增加值测算原理及其分解方法可为显示性比较优势指数的重复计算问题提供新的解决途径。因此，利用多国投入产出模型，以在全球价值链上不同经济体和不同行业产生的增加值测算的显示性比较优势指数（完全国内增值系数）替代传统显示性比较优势指数，能更加准确地测度一国的竞争力。在此基础上，王直等（2016）根据产业部门间的前向联系构建了新的显示性比较优势指数，即根据产业部门前向联系测度本国总出口中隐含的该部门增加值（部门增加值出口与国内增加值之和）占隐含的总国内增加值的比重与所有国家出口中隐含的该部门国内增加值占隐含的所有部门国内增加值比重的比较值。

在总出口增加值分解方面，其核心思路是在总出口完全分解的高度延续并充分拓展增加值最终归宿与投入品来源的分解思路，不仅完成对包括部门增加值在内的大类指标的逐个分解，而且将这些大类指标统一到总出口的逻辑框架之下，成为增加值分解的集大成研究。

周彩红（2009）以长三角制造业的价值链为测量对象，构建发展水平指标体系，该指标体系由经济效益、规模、产业结构以及国际竞争力组成，并在此基础上进行制造业发展指数的构建。简晓彬和周敏（2014）基于地区和行业两个视角，使用数据包络分析（DEA）以及DEA-Malmquist指数分析方法，来测度江苏制造业价值链的位置。

诸多学者的研究表明，贸易增加值可以很好地反映其价值链水平。王忠豪（2015）通过贸易增值率对中国的加工贸易价值链水平进行衡量与测度。刘圣香

（2015）通过人均利税额这一指标，来测度浙江省制造业价值链的升级，在研究过程中发现，增加价值链附加值可以用来提升价值链。

Koopman 等（2010）基于全球价值链的视角进行测度，并提出了 GVC 指数。尹彦罡和李晓华（2015）使用 GVC 测算指标来分析中国制造业在全球价值链上的位置和地位，其结果表明：①制造业分行业的测度结果较好；②制造业整体的测度结果不准确。岑丽君（2015）则通过 TIVA 数据以及 GVC 指数来分析中国在全球价值链中的分工和地位。

第四节　全球价值链视角下产业合作模式类型与选择的研究综述

在产业合作模式的选择方面，现有的文献有不同的分类方法，在宏观层面上，学者们提出了政府主导型、市场主导型和多元复合型的产业合作模式；在产业层面上，学者们提出了产业协同、产业转移、产业升级等的产业合作模式；在企业层面上，学者们提出了基于产业链、基于市场和基于创新的产业合作模式等。

一、基于全球价值链视角的产业合作模式类型研究

（一）基于宏观层面的产业合作模式

在宏观层面上，学者们提出了政府主导型、市场主导型和多元复合型产业合作模式。

1. 政府主导型模式

政府主导型模式是指通过政府的相关部门来推动产业的合作主体进行产业合作的模式。政府具有宏观驾驭和控制社会各方面资源的职能作用，政府能基于价值链将不同类型的产业以合作的形式融合为一个有机的整体，通过发挥各个产业类型之间的协同作用来创造最大的创新绩效，同时，纠正和调节市场失灵，为产业合作模式提出建设性意见和指明发展方向。

政府主导型模式有以下优点：①合作初期能展现高效的产业资源配置；②能有效地解决产业合作模式中区域发展不协调的问题。其缺点主要表现在：①从短期看，这种模式能补充产业市场经济的不足；②从长期看，这种模式会对市场机

制造成伤害，这样会使市场因素制约区域产业的合作，与市场化的改革方向发生实质性冲突。同时，在外资引进方面，这种模式会使各个企业在产业合作中的主导性逐渐降低。

2. 企业主导型模式

企业主导型模式是指企业通过灵活利用其对产业资源配置的影响力和支配力，与各个企业进行产业合作，来达到产业间资源优化和配置的效果。这种产业合作的主导模式会随着市场化运作与竞争而不断加速，也会由越来越多的企业来承担。

企业主导型模式的优点：①能灵活利用其对产业资源配置的影响力和支配力；②对地方产业的发展具有推动作用。其缺点主要表现为：①在产业合作过程中，会出现企业间的信息不完全对称；②产业间的利益协调很困难；③企业主导型模式缺乏有效的约束机制。

3. 行业协会主导型模式

行业协会主导型模式是指通过举办展览会、商贸洽谈会以及经济论坛等形式，以行业协会为主导，将各个省和市的产业与企业联系在一起，为各个省和市的产业以及企业的特色和能力提供展示平台，使各个产业与企业之间的信息相互沟通与交流。同时，为了有效吸引更多的外资参与进来，可以搭建合作平台，提供更多沟通和合作的机会，促进产业与企业合作模式的开展。

行业协会主导型模式的优点：①搭建产业合作平台，促使各个省和市的产业以及企业之间联系密切；②通过展示各个产业和企业的资源和经营特色以及实力，使各个产业与企业之间能做到充分沟通以及资源共享；③提供沟通交流的平台和媒介，促使合作的双方能在彼此相互了解和熟悉的基础上开展合作共赢。其缺点主要表现为规模较小及与产业之间的合作存在协调的难度。关于三种区域产业合作模式的内涵、表现形式、优劣势的具体内容如表2-7所示。

表 2-7　三种区域产业合作模式区别

模式	内涵	表现形式	实例	优势	劣势
政府主导	政府统一规划实施	签订合作协议	泛珠三角合作框架协议	解决因区域分割造成的不协调问题	制约市场化改革
		开联席会议	环渤海合作市长联席会		弱化企业主导性
企业主导	企业配置资源	联合开发	长三角道路运输发展协定书	灵活利用特定企业配置资源	企业间信息不全
		分工协作	京津冀物流企业合作框架		利益协调困难
		组建集团	东北特钢集团	提高企业的竞争力	缺乏有效的约束机制
		结成战略联盟	我国区域物流业战略联盟		

模式	内涵	表现形式	实例	优势	劣势
行业协会主导	行业协会为企业搭桥梁	举办论坛	京津冀物流协会论坛	促进产业之间信息交流	规模小、区域产业协调存在难度
		举办洽谈会	泛珠三角经贸合作洽谈会	可信度高	
		举办展览会	泛珠三角房地产业博览会		

资料来源：笔者整理。

（二）基于产业层面的产业合作模式

在产业层面上，学者们提出了产业集群、产业转移、产业升级等说法。

1. 产业集群

产业集群这一概念最初由迈克尔·波特（Michael E. Porter，1990）在《国家竞争优势》中提出，他认为，产业集群是在某特定领域内，由地理位置集中且相互联系的供应商、产业和专门化的制度和协会组成的集合，并且还可包括政府、大学、工业或产业标准制定机构、职业培训机构和智囊团。同时，波特提出，国家的竞争优势体现在产业集群而不是比较优势上，产业集群通常发生在指定的地理区域内，因为很多产业和企业由于某种联结性，而使其地理位置上彼此接近，这样能降低生产和运输成本、提高生产效率，进而提高企业利润。此外，波特在研究产业集群竞争性的时候，发现其能提高产业集群内部企业的效率、降低运输和经营成本，并促进创新。同时，波特提出经典的"钻石模型"理论，以此来研究产业集群竞争性的影响因素。

因此，产业集群有助于相互竞争的企业提高竞争力，对特定产业的发展和国家竞争力的增强有重要作用。产业集群是指在特定区域中具有竞合关系，在地理位置上集中，由相互关联企业联结而形成的集合体。

2. 产业转移

基于国际产业分工体系的不断深化以及全球价值链日益深化的视角，很多发展中国家成为了产业转移的主体，主要的原因：由于生产链条的碎片化和区域化，产业转移已经不是整个生产过程的转移，而是在同一条生产链上具有产业关联的企业之间进行国际产业转移。全球生产方式日益多样化，国际产业转移大大降低对资金等要素和条件的依赖。同时，随着国际贸易条件和要素的改善以及全球经济一体化的日益深化，在这样的转型和发展背景下，产业链更加强调集中资源与其核心优势来加强其核心技术和关键环节的建设，并获得国际竞争优势，进而在全球产业链上进行布局。

产业转移是指基于经济环境的变化以及产业所在的生命周期背景下，根据企业的比较优势和资源要素的禀赋将其生产部门部分或全部转移到需要的国家或地区的过程。产业转移的特征就是生产部门为了追求其利润最大化，使其生产部门空间位置发生了转移和改变。一般而言，产业转移的方向是沿着产业梯度逐级转移，即由高梯度区域向低梯度区域转移，具体而言就是从经济条件发展较好的区域向经济条件发展较落后的区域转移，但这里要强调的是，虽然该区域发展落后，但相对资源丰富、人力要素成本低并具有广阔的市场。

同时，产业在经济发展所处的不同阶段以及不同地区之间的承接和转出，其产生的作用有两个方面：第一，有利于转出地各方面的进一步发展，主要是由于产业转出地的产业转移会调整其就业结构、产业结构以及革新技术水平。第二，产业转移会使产业承接地区获取相对先进的技术、资金以及生产资料，有助于相对落后地区的经济发展。

基于全球价值链视角，产业或行业之间具有垂直关联是指其上游产业和下游产业具有成本—需求的关联性，具体而言，就是下游产业对上游产业提供了市场，从而吸引到更多上游产业的企业到下游地区去投资；此外，如果下游产业的企业聚集了较多的上游产业的企业，那么它们在中间的投入品上会节省很多的贸易成本。正是这种成本—需求联系使垂直关联的产业（企业）向他国进行产业转移。

3. 产业升级

随着价值链理论的产生，越来越多的学者开始研究产业升级理论。Gereffi 等在 20 世纪 90 年代首次提出了全球商品链的概念，正是这一概念的提出，使更多学者开始基于价值链的视角来研究产业升级的历程。2003 年，Gereffi 进一步研究了全球价值链的理论和框架，提出要重视价值链上各个环节的价值创造及获取，并认为产业升级主要表现在各个企业、地区或国家，产业在全球价值链上是沿着产业梯度逐级提升的过程，如装备制造业的产业升级就是沿着产业梯度逐级提升的过程，即从生产劳动密集型产品向生产技术和资本密集型产品转变的过程。

基于全球价值链视角，产业升级可以从宏观层面和微观层面两个角度来看，基于宏观层面的视角，产业升级主要体现在两个方面：一是全球价值链中产业地位的提升；二是产业结构向第三产业倾斜。基于微观层面的视角，产业升级是指各企业生产高附加值的产品，并通过技术进步和不断创新，来获得产品的竞争力和更多的经济利益。

学者们通过将产业升级与价值链理论结合在一起，来为研究产业升级提供了新的研究视角。Humphrey 和 Schmitz 提出了产业升级的四种思路，分别是产品升级、工艺升级、价值链间升级以及功能升级。在此基础上，Kaplinsky 认为，在研究产业升级问题时要充分考虑全球价值链的动态因素，各种优势禀赋带来的"经济组"是全球价值链收益的来源。目前，全球价值链理论已经受到学者和企业家们越来越广泛的重视，这一理论已经成为各跨国公司制定全球战略的重要理论依据，企业要想实现产业梯度的上升，只有参与到全球价值链中才有产业升级的机会。同时，在全球价值链的视角下，居于产业链低端的企业通过自主创新的方式以及自我学习的方式，来推动技术进步及产业升级。

（三）基于企业层面的产业合作模式

在经济全球化的背景下，产业合作模式已经成为经济一体化的核心。众多学者对于产业合作模式的类型和选择进行了研究，在企业层面上，学者提出了产业合作主要包括三种模式，即基于产业链的产业合作模式、基于市场的产业合作模式和基于创新的产业合作模式，这三种模式呈现由低级向高级的态势发展。

1. 基于产业链的产业合作模式

这是一种最基本的产业合作模式，也是相对低级的一种模式，主要表现为垂直型产业合作。它的主要目标是通过在供应链不同环节的分工合作来获得稳定的上游产品供给，降低生产成本。目的是充分利用各区域的资源优势，降低成本，进而使信息流依附于物质流而流动。

2. 基于市场的产业合作模式

随着信息技术的广泛应用和市场分工的细化，越来越多的制造业企业将原先内部的部分服务职能外包出去，改变了原来专门关注于制造业内部的服务职能。使其产业合作从原来基于供应链上下游环节的合作提升至基于共同市场开拓的产业合作。

3. 基于创新的产业合作模式

基于创新的产业合作模式是指区域间的产业合作不再局限于获取要素资源、扩展市场等竞争性的领域，而是以提升区域整体产业能级为目标，开展技术、制度等领域的合作。这是一种比较高级的产业合作模式。水平型合作是这一模式的主要类型，产业一体化则是主要的合作方式。基于创新的产业合作实质上是产业技术在不同经济主体之间的转移和扩散过程，技术要素的作用突出，区域间知识流动频繁，区域制度、区域政策和区域创新环境等软要素作用凸显，是三种合作模式中的最高级阶段。

因此，本书主要从宏观、中观（产业）和微观三个层面上对产业合作模式进行选择。

二、基于全球价值链视角的产业合作模式选择研究

（一）基于宏观层面的产业合作导向选择

产业合作模式路径应当依据产业结构的现状特点，实现互补，促进产业结构的优化升级和工业合作，建立区域产业发展新模式，其要具有良性互动、良性竞争、诚信合作、共同繁荣的特点，市场运作互利合作、加强经济技术合作，以避免重复的地方保护和建设工作，以促进科学交流为目的，并以在各领域的互利合作为目的促进科学和经济社会发展。

在产业合作中，产业合作模式的选择至关重要。在区域产业合作中，产业并非简单地由区域或产业相互连接，而是要实现互利共赢。如何实现共赢，涉及不同的产业合作模式。就俄罗斯与黑龙江省装备制造业产业合作而言，产业合作模式不仅是实现区域共同发展、互利共赢的必然选择，也是提高区域生产力和国际市场竞争力的需要。在装备制造业中，俄罗斯的一些产业具有天然优势，但也存在一些问题，但黑龙江省的一些产业与俄罗斯的装备制造业进行产业合作，可以实现优势互补，延伸产业链，提升产业链价值，这是本书所要研究的一个重要问题。

1. 市场主导导向选择

市场主导地位是区域产业合作的根本动力。目前，区域产业合作与发展面临的最重要问题是行政区划和地方保护。因此，要素市场的统一、互联互通和经济绩效的提高是区域产业经济发展的基本要求。因此，区域产业合作最基本的驱动力是市场力量，即企业按照市场规律的跨区域发展。以市场为导向，促进产业合作平台的建立，加强不同地区产业联系，突出不同地区产业企业的特点和优势，促进不同地区产业企业之间的信息交流，使双方能在增进相互了解的基础上进行合作，确保合作取得成功。然而，市场规模小使区域产业协调的困难加大。

2. 政府主导导向选择

政府主导模式是指在区域合作中，大部分合作行为都是以政府为主体进行的。通过行政权力的作用在计划经济体制或区域经济一体化的初期处于主导地位。在计划经济体制下，政府主导的合作模式更有可能表现为依靠政府管理和协调手段，建立经济合作区，形成一个垂直领导关系。区域工业合作已成为经济发展的必要条件。然而，我国政府在区域合作中的中心作用仍然非常重要，特别是在市场经济或区域经济一体化的早期阶段。

随着市场经济的深化，政府在实施政府主导模式方面的作用应该得到更多的重视。在存在市场机制缺陷的地方，应予以纠正。例如，消除区域行政障碍、提供公共产品和建立更好的区域合作资助网络系统为区域间要素流动创造更好的外部环境。同时，要充分利用市场机制，使企业成为区域经济活动的主体。政府主导导向选择有利于高效率的资源配置，更加迅速地缓解区别于产业合作中地域发展失衡问题，但是只能暂时缓解产业市场经济的不足，从长远角度看，市场因素更易成为制约因素，与市场化改革造成矛盾。在引进外资的过程中企业的主导地位被降低。

3. 企业主导导向选择

企业可以灵活利用产业资源，包括企业的影响力和实力等因素开展跨区域产业合作，实现跨区域产业资源的优化配置。随着市场竞争程度不断加剧，区域产业合作的主要动力将得到更多企业的支持。企业管理是区域产业合作的载体。企业主导的区域产业合作模式有利于资源的科学合理配置和开发利用。它可以逐步从单一工业部门的合作扩大到所有工业部门的合作。项目合作则是合作的最主要的一种方式。企业主导的合作模式是指企业在区域合作框架内且在市场机制的推动下，以利益相关者的身份进行次数最多的合作行为。区域合作中的龙头企业直接受到市场经济效益和市场力量最大化的驱动进行合作活动。

如果能降低市场交易成本，企业就有很大可能性获得更多的利润。因此，公司会倾向于寻求比普通市场交易更稳定的交易模式，并建立伙伴关系让成本内部化。因此，市场经济应是企业主导模式产生和发展的源泉。在市场经济条件下，当企业受到区域合作的制约时，区域合作模式的逐步一体化是通过横向一体化和纵向一体化来实现的。在我国，从 20 世纪 90 年代中期到 90 年代末，企业成为区域经济活动的主体，市场成为调整资源配置的主导力量，企业成为区域经济合作的主要承担者和推动力量。企业的主导方向有利于企业更加灵活地配置资源，扩大企业的影响力和控制力，促进当地产业的发展。但是，企业的信息不透明，企业之间的协调很难得到直接有效的控制。

政府、市场、企业作用的发挥可以通过以下方式进行：

（1）构建产业合作平台。

坚实的基础、强大的承载能力、强大的动力平台是产业合作的前提。构建产业合作平台有一个层次系统作为支撑是十分必要的，包括基础设施系统、生产要素市场流动系统、区域工业发展系统和区域城市发展系统。因此，双方应在该系统中寻找不同系统之间产业合作的切入点，共同规划和规划共享，使该系统逐渐成为产业合作的基本平台。

（2）打破产业合作壁垒。

就是要打破阻碍中俄产业合作的严重障碍——行政壁垒和地方保护主义壁垒。因此，一方面，两国政府应该促进管理创新的功能转换和结构优化，用一个科学和标准化的方式整合双方利益，充分发挥市场资源配置的主导作用，消除行政壁垒；另一方面，科学界定政府职能，理顺政府与市场关系，规范地方政府产业之间的竞争，依法提供财政转移，支持区域和产业政策，消除地方保护主义壁垒。为产业合作创造公平、开放、规范、有序的环境。

（3）建立产业合作机制。

指的是政府一级的协调机制、公司一级的合作机制和社会一级的相互作用机制。建立政府层面的协调机制：第一，推动建立党和政府两大领导人对话协商机制。在产业资源整合、产业合作等重要问题上，定期组织访问和会议，就合作达成共识，达成具体协议。第二，促进建立定期联络机制。黑龙江与俄罗斯两地的职能部门，以研究、协调和及时执行高级别首脑会议上提出的问题，以便能够执行联络员工作的实际操作层面。第三，促进区域城市之间的协调机制。研究、协调和及时部署与区域工业合作有关的方案、政策、倡议和问题，并在政府一级建立协调机制的过程中，充分发挥积极作用，必须及时规划公司的区域组织、专业协会、工会省际行政区划和区域发展规划，规划区域工业发展共同市场的行业市场，探索区域市场一体化和区域产业资源等，建立社会互动机制：一是充分利用区域产业资源，研究两地产业发展战略，促进当地产业合作协作功能，由两地高校、科研院所和市政经济专家、离退休干部为主体，形成两地产业合作专家智库组织；二是充分发挥两地商会的作用，定期组织成员企业参与跨省投资谈判，促进合作。

（4）实现工业互联互通。

第一是产业政策。通过产业政策、投资政策和税收政策的统一制定，努力创造一个区域产业经济发展差异较小的政治环境，为区域产业合作创造平等的竞争条件。第二是产业规划必须创造协同效应。双方必须从现实的框架出发，根据发展规划及省、州领导的研究制订一个计划，加强协调双方在产业合作方面提出的目标、任务、重点和措施，厘清思路，促进双方产业合作健康发展。第三是交通信息。第四是产业市场的衔接。两国都必须积极支持企业发展，建立一个统一的制度环境，加快发展和改进区域工业因素和商品市场，打破体制壁垒，创造一个公平竞争的环境。第五是产业联系。根据产业结构优化升级的要求，基础产业、现代服务业、现代金融等产业将逐步实现互联互通。在此基础上，黑龙江省和俄罗斯在实现产业经济效益最大化和双赢方面发展动力不足。

（二）基于产业层面的产业合作导向选择

1. 产业集群模式选择

在新兴的战略产业集群中，企业的价值链并不局限于企业本身，而是向横向和纵向延伸。横向延伸形成同一行业或不同行业企业之间的战略合作，纵向延伸形成完整的产业价值链。横向和纵向扩展的结果是建立一个新兴战略产业集群内部连接的价值网络和一个复杂的路径内流量价值的价值网络，每个节点的路径上有某些公司提供增值的潜力。价值链扩展和价值链网络扩展所带来的附加值正成为新兴战略产业集群发展的优势。利益的存在将吸引更多企业的进入，进而在集群内产生更大程度的协同效应，从而促进集群内协同效应的发展。因此，价值链和价值网络之间的价值联系为集群提供了一条快速和可持续发展的道路，并为集群的稳定和可持续发展提供了动力。

在价值链中，不同的新兴和战略性产业占据不同的价值节点，随着集群的成熟，这些节点的分工变得更加清晰。价值流动的价值链和价值，形成一个循环路径，路径行业是输入和输出，同时可能扮演不同的角色，如供应商、制造商、客户、合作伙伴，但每个角色肯定会对集群中的其他企业及其自身带来直接或间接价值升值。在以价值链为媒介的发展道路上，产业集群协调发展的原因在于企业对利润的追求。由于利润最大化是企业始终的追求，这条路径是产业集群发展最有效、最稳定、最根本的途径。在价值链"看不见的手"的指挥下，产业集群中的企业始终各尽其责，各种资源和能力得到有效协调，与其他企业共同发展。

产业集群指的是在战略性新兴的产业集群内所形成的网络知识链，即一个创新型知识流所形成的产业链条之间的一个环状结构的知识链所组成的，以企业为主体，企业内部的各个组织通过促进知识分享传播创新。在新兴战略产业集群中，不同的企业位于不同的知识网络节点上。由于知识差势的存在，知识创新和知识转移所在的企业是创新主体，通过转让知识和传播知识，增值自身知识进行创新产品。知识的增长一方面促进了企业能力的提高，另一方面通过知识和价值的相互转化增加了价值。集群内部有集群级和企业级两种类型的知识链。

集群链的重要组成部分是知识和外包，以及通过各种渠道获得新知识后的一系列智力活动，集群内企业之间的知识流动允许创新和发展合作等其他形式的合作，而合作的知识创新则为企业提供更有效的技术创新途径。以知识链为基础的发展道路促进了新兴战略产业集群的升级，将简单的产业集群模式转变为知识联盟模式。在知识联盟模式中，资源和价值不是能在新兴战略产业集群中相互作用和合作的唯一资源和价值，但最重要的是知识的重要性。知识的相互作用为新兴战略产业集群的协调提供了更有效、更容易、更必要的途径。可以通过转让知识产业在不同策略之间进行传播，一方面，加深了对知识的需求，明确战略定位、目标和手段等；另一方面，形成了相应的产业合作潜力和发展战略的知识型社群及文化传播。与产业联盟和价值联盟相比，这个社群是一种高水平的精神形式，是新兴产业集群的发展方向。

战略产业集群由多个战略性新兴产业集以及略知识链和价值链所组成。以网络媒体资源为例，作为网络一体化，多个战略性新兴产业是具有差异化的，由于其受产业规模、产业结构以及产业政策等影响因素较大，其主导地位已经变成集群中心活动和主导地位的外围活动，优势成为主导产业和支柱产业的一个或多个区域战略性新兴产业集群规模稳定发展的潜力。相应地，战略性新兴产业集群的单核、多核或星形不同地区发展模式，对环境和经济发展需求的选择不同。

（1）单核开发模式。

虽然战略产业往往是国家或区域评估过程的中心，但当多个战略新兴产业聚集在一个产业集群中时，主导和被主导的趋势更为明显。在这个产业集群中有"最大的单一"现象，这时我们定义其为单核心的发展模式。单一发展模式的核心是产业集群模式的核心所在的单一行业中，在规模、产能结构和位置占据着领先地位的战略性新兴产业集群。

围绕主导产业的单核心发展模式必须具有以下特点：具有很强的能力，包括技术创新、管理、发展、竞争力等，成长速度要快于其他产业，即产业价值链的上游，其他行业的发展可以通过自身的发展发挥主导作用。其他部门的发展在一定程度上取决于该部门的发展。值得注意的是，在大多数国家，企业具有较高的政治地位，这意味着它们比其他部门得到更多的政治支持。单核模式发展成为主导产业链和价值链，价值链上的物质资源是基本内核的一部分知识，重视利用能力和资源也将成为资源流动，成为交通资源、创造和改造中心集群，不可或缺。单核对集群发展模式非常有活力，加强协作和资源分配中的凝聚力和能力来协调所有的优点，但这种模式大多取决于这个部门的领导能力和持久影响，一旦上升到战略决策的主导产业或集群容易引发新的危机。因此，单核发展模式相对脆弱，抗风险能力较低，适应性较差。

（2）多核的发展模式。

多核发展模式是一种集群结构模式，其中几个主导产业占据相同的主导地位。在这一阶段，许多主导产业相互发展、共同努力、均衡发展，为新兴战略产业集群提供了动态均衡的发展模式。所有的高科技产业都可以成为资源的积累、转化和创造的中心，在各自的产业链中扮演领导者的角色。当它们以平衡的方式发展时，会在竞争与合作之间建立一种交叉关系。虽然它们对集群的发展有重要影响，但它们并不是必不可少的。一旦主导产业受到外部因素的影响，出现发展危机，其他主导产业就可以在一定程度上取代其主导地位，使产业集团得以继续发展。

在多核心的发展模式下，主导产业要求较小的规模差异。只有当规模能够竞争时，才不会出现支配和被支配的现象，发展的能力和潜力是相似的。只有在增长率相似的情况下，才能建立平衡的多中心发展模式。它们在不同的产业链中占据主导地位，如果它们是同一条链的一部分，一个占主导地位的行业最终会因为竞争而被另一个行业所取代。政治支持基本上是一样的。只有政策正确，多主导产业才能在产业集群的和谐均衡发展中获得公平的发展条件，保持动态的主导地位。多核发展模式的优点是不过分依赖单一产业，使集群更具反应性和适应性，提高了集群的发展潜力和风险抵抗力。其缺点是几个主导产业之间缺乏主导关系，协同效应减弱，产业集群内部竞争发展较快。

（3）星形发展模式。

这里并没有出现一个绝对的领导地位优势产业的产业集群，在绝对意义上，是一个行业集群并设有占据主导地位的行业。缺乏协同效应、缺乏资源集中和转化中心、缺乏领导力以及对资源共享与合作的认识，对于讨论产业集群的协调发展没有什么意义。在这种集群发展模式中，没有连贯的领导、没有连贯的文化、没有连贯的目标、没有协同发展的动力，产业集群处于脆弱的团结状态，不利于可持续发展。此外，在星形发展模式下，产业集群内战略性新兴产业之间的竞争将更加激烈，这也将影响产业集群的发展速度。星形发展模式适用于新兴战略产业集群发展的早期阶段，是主导产业发展前的过渡阶段。在这方面，任何形式的合作都是可能的，因此，这一动机还包括促进战略性新兴产业集群发展的可能性。利用这一机会并迅速增长的行业将成为未来产业集群的主导产业。星形发展模式的缺点是缺乏协调和统一的领导，对外部环境冲击的抵抗力差，发展风险大。

2. 产业升级模式选择

在我国经济转型的压力下，融入世界生产网络和国际产业转移是黑龙江装备制造业工业结构现代化的一把"双刃剑"。因此，中国产业结构的升级以加工贸易为主，应特别关注战略层面的国际产业转移机会，并努力打破锁定价值链低端的僵局。黑龙江装备制造业工业转移必须抓住前所未有的机遇，充分发挥优势和转向广阔的国内市场，构建一个全国性的价值链，这样能充分发挥各地区比较优势，促进产业结构的提升。利用其技术优势、服务和人力资源，专注于核心价值链，更加注重设备制造、设计过程的研发过程。价值链结构完善，需要国内需求市场、技术条件和区域创新网络的包装系统。同时借助政府的支持和开放的经济环境，很顺利地通过区域经济开发国内市场，最大限度地利用国内外市场，使经济融入全球生产网络，并推动产业结构持续升级。

在国内价值链建设过程中，产业升级是产业转移所带来的必然结果。中国区域经济发展存在不平衡的情况，存在梯度分布的情况，而中国的大区域优势可以使装备制造业产业最大程度地优化升级，使不同地区可以承担不同种类的产业活动。例如，在黑龙江省部分地区可以转移一些没有优势的劳动密集型和资源密集型产业，从而使该地区实现产业升级。

价值链升值理论认为，一方面，从估值价值链角度进行产品内分工，其他地区可能移送生产性服务为企业提供融资、研发、物流、品牌和营销。另一方面，该地区还可以在其他地区找到足够大的市场，以刺激设备制造业。企业可以更好地把握市场动态，迅速改进技术，调整产品，逐步实现产业结构现代化。在考虑成本的基础上，在产业转移后，企业将采取购买和使用附近生产要素的原则，以增加产业目的地的生产要素收入。

与此同时，产业集群中企业之间的反向关系所产生的劳动分工制度将进一步增加中间产品的数量和类型，并最终增加对中间产品的需求。随着市场的扩大，国内市场的销售量将会增加。如果在国家领土上进行若干交易，如购买、生产和销售，从而建立一个完整的国家价值链，那么国家来自劳动力和资本等生产要素的收入将会更高。在全球价值链的某些区域，它们只参与价值链底部的加工和制造，与外国产品市场和要素市场需求隔绝。因此，许多企业被动地融入全球价值链，阻碍了产业现代化。若黑龙江装备制造产业实现平稳移动、现代化的产业结构和价值链构建将促进黑龙江产业结构的升级，形成一个良性动态更新过程并刺激经济增长。

3. 产业转移模式选择

产业转移指部分产业在资源供给或产品需求等条件发生一定改变后，从一个国家或地区向另一个国家或地区转移的经济行为和过程。产业转移的实质是企业的空间扩张过程和企业适应新形势的区域自我调整过程。自1980年以来，尤其是进入21世纪以来，随着全世界经济环境的变化和生产的逐渐标准化，产业分工已经取代了在产业之间的分工和在产业本身内的分工，并已成为劳动分工的主要形式，加速了国际产业转移的进程。

2007年底的全球金融危机之后，世界经济发生变化，促生了新的竞争模式，由于欧洲和美国其他发达国家的影响，亚洲已成为全球经济增长最活跃的区域，中国经济是亚洲经济的引擎，由于中国巨大的市场潜力和发展速度，发达国家的工业出现了向中国内地地区加速转移的趋势；改革开放40年以来，东南沿海地区取得了快速且值得骄傲的发展成绩。但是，东南地区的出口型经济受到各种因素，如成本上升和外部需求减弱等因素的严重影响。中西部地区大规模基础设施逐步得到完善，要素成本优势突出。以保持东南沿海地区的竞争优势为目的，一方面，失去优势的工业将迁往中西部；另一方面，将为高水平的国际工业腾出空间。这为中西部地区提供了一个新的、罕见的历史机遇，同时也为国际工业转移和东南沿海地区的工业转移提供了机会。显然，国际工业向中国大陆和沿海工业向中西部地区"双重转移"的趋势是前所未有的。

中国是一个发展中大国，发展势头好，潜在需求大，区域梯度大，有利于国际和区域间产业转移。在这样的背景下，如何抓住新一轮产业转移的基本特征、工业部门转移以及产业结构更合理，促进区域协调，确保我国经济在新的世界经济结构调整中制定出重大国家发展战略，并理论结合实践进行深入研究。黑龙江省装备制造业与俄罗斯的产业合作，在很大程度上可以借鉴中国的许多产业转移经验。

(三) 基于企业层面的产业合作实践选择

根据区域产业合作的目标，结合不同阶段的合作方式和类型，区域产业合作主要包括基于产业链的产业合作模式、基于市场关联的产业合作模式和基于创新的产业合作模式，这3种模式呈现由低级向高级的递升态势。

1. 基于产业链的产业合作实践选择

产业合作模式指的是不同国家或地区在产业合作过程中所采取的基本方法与生产要素，利用这些方法与流通相结合，从而实现长期稳定的互惠互利的合作。完整的产业链合作模式并不是唯一的产业链合作，结果是由垂直方向和水平方向的多个产业链集成，并通过整合布局整个生产过程和下游产业链加强产业链的整体效率。整合产业链的作用是为了降低成本，提高产业链的抵御风险的能力，得到更多的利益的产业合作模式，来满足以消费需求为导向的资源型产业链。

它从资源型产业链的源头出发，通过资源勘探、开采、物流、生产、加工、销售、贸易等环节进入应用领域，最终被消费者消费，实现资源的合理配置和有效利用。资源型产业一般经历准备、成长、成熟、转型和衰退五个阶段。产业链越长，辅助链越多，嵌入链越多。资源型产业链包括石油、天然气、煤炭、金属及非金属矿产产业链。每个产业链包含多种链，如价值链、供应链、需求链、产品链、生产链、物流链、技术链、功能链等。

黑龙江省装备制造业对俄产业合作中产业链不应该是一成不变的，随着国际分工的不断深化，黑龙江省装备制造业对俄罗斯的产业合作具有静态性、动态性、系统性的特征。

（1）静态性是指黑龙江省设备制造生产线在静态或平衡状态下的特点。

各个产业链条或价值链各个环节仍然落在一定的地区内，企业管理是在不同的领域、不同的组织结构和不同的文化背景下，从而导致组织的管理能力增强、产业链条的平均长度完善。

（2）动态性是指黑龙江省装备产业链合作模式是一种不断发展和更新的合作模式。

市场发展、体制安排和自然危害因素将影响结构链断裂引起的生产是由外部环境的变化造成的，出现了新的链结构和功能，以适应外部环境的变化，价值链的合作模式将更新，出现了新形式的合作，并不断出现。

（3）系统性是指黑龙江省的装备制造产业链在物流、信息流、技术流、知识流等诸多因素的影响下形成一个紧密相连的整体。

制造节点设备的企业是互补的，可以从整体效应、协同效应和附加值中获益。黑龙江省装备制造业的产业链水平也各不相同。从不同的角度看，产业链可以分为宏观、中观、微观、全球、国家和区域等不同层次。不同层次的企业既有相似之处，也有不同之处，表现为总体优化与局部退化并存。

2．基于市场的产业合作实践选择

随着信息技术的广泛应用与市场分工的不断细化，更多公司专门从事某项具体的产业环节，比如专门从事制造服务功能，这样促使制造企业衍生出外包服务功能，为区域产业的合作基于供应链上游和下游产业链接升级到基于共同市场的发展奠定了坚实的基础。灵活的生产最终将促进全球各地区之间的合作和共同决策，如对汽车行业的研究表明，灵活生产期间不支持企业空间分布不对称关系，发达国家的第三产业和地区的非极化空间集聚并没有得到促进，恰恰相反，它促进区域对称网络的形成，通过接触的水平空间分散区域紧密地绑定在一起。

在市场上选择任何一种类型的区域产业合作，其所追求的经济目标都是一定存在的。经济理论分析表明，合作的最终目标是为了提高规模经济和范围经济，提高区域竞争力，促进区域经济的可持续发展。但是，从合作的具体目标看，不同的区域产业合作有更加具体细微的目标。特别是，资源互补合作是指旨在补充自然资源要素的区域合作。这种合作模式的主要特点是合作依据的是自然资源存在互补性。合作项目使区域间产业链得以重新整合和补充。资源互补合作是一个拥有重要和丰富资源的区域，而另一个区域内产业的特点是资源开发或消耗资源，产业之间、供需双方之间有直接的关系。

长三角经济区城市之间的旅游合作也是一种资源互补合作。互补合作是指主体在同一所区域合作的过程中，发挥各自优势，以增强其竞争力，实现区域合作互补，实现互利共赢的区域合作。这种互补合作的好处，一方面可以发挥资源禀赋以外的所有优势，一方面可以将范围更加扩大，扩展到价值链的各个环节，诸如人力优势、技术优势、管理优势。这类合作的主要目的是创造一个更好的产业价值链增值服务体系，并利用这种合作作为更加直接的补充，所以作为强者与强者两个力量的组合，达到一个"双赢"的局面。

各省和区域之间几乎所有的合作都是相辅相成的，在没有绝对优势的情况下，通过合作仍然可以获得比较优势。产品互补合作是一种区域合作，在指定区域内允许产品之间进行交换。这种合作水平相对较低，它的主要特点是产品之间的相互补充，以满足不同地区对不同产品的特别需求。产品互补合作主要适用于经济不发达、在国民经济中比重不平衡的区域，例如，用一个地方的产品或资源交换另一个地方的产品或资源。这种合作在省间和区域合作的框架内不常见。

3. 基于创新的产业合作实践选择

这对于黑龙江省与俄罗斯在设备制造领域产业合作模式的创新具有重要意义。两个地方之间的产业合作应建立主导区域产业模式，即形成主导产业合作的两个地方应以一个区域的资源为基础，促进某一产业的快速发展。在建立主导产业后，应促进产业集聚，降低产业内部的交易成本，扩大规模经济的范围。在宏观经济层面促进两地区产业合作，需要采取全面的经济战略，使产业合作方式多样化，尽可能使区域产业合作具有创新性和明显的差异化。以俄罗斯与黑龙江省在机械制造领域方面的产业合作为例，这两个区域之间的工业合作仍然限于实物合作，主要是在制造领域，即涉及中间材料或产品的合作。黑龙江省与俄罗斯的产业合作应具有创新性，加强非物质领域的合作，特别是在研发、设计、创意、金融、人才和信息服务等领域的合作。在合作框架内建立了良好的激励和约束机制，有效促进了双方的行为互动。此外，这两个区域应尽快形成战略和互动联盟。从产业经济的角度看，区域间工业合作必须相互联系，以加强其相互作用，并避免对一方过度依赖。

创新的工业合作模式意味着跨区域工业合作，不限于在具有竞争力的领域扩大合作，如获得资源和市场的机会。这是一种比较先进的产业合作模式，该模型以横向合作为主，产业融合是该模型的主要合作模式。创新产业合作本质上是不同经济主体之间产业技术转让和扩散的过程，是 3 种合作模式中最高级的一种。可以看出，在区域产业合作模式中，产业链合作模式是合作的最基本阶段。其目的是充分利用每个区域的资源来降低成本。基于创新的产业模式是一个相对先进的合作阶段，技术元素发挥突出作用的同时，区域间知识流动、区域系统等软要素、区域政策和区域创新环境等因素都发挥重要作用。

第三章 全球价值链视角下产业合作模式选择理论模型构建

第一节 理论模型构建的步骤与假设前提

根据战略决策理论与全球价值链理论，全球价值链视角下产业合作模式选择理论框架遵循"产业特征定位—产业位势比较—产业合作模式选择"这一逻辑链。同时，在提出理论框架之前，首先要对理论模型的前提假设做界定。

1. 理论模型的前提假设及条件

根据本书的研究目标并结合全球价值链、产业合作等相关文献，本书将全球价值链视角下产业合作模式选择理论模型的前提假设确定为：

（1）产业合作模式选择模型的理论基础是全球价值链：影响产业合作模式选择模型的因素很多，但是在本模型中仅从全球价值链视角进行研究。

产业合作随着国际分工的不断深化与演化，也在不断地发生变化。目前的全球化分工已经不仅仅是单纯的产业间分工与产业内分工，而是在不断地向产品内分工演化。在这种国际化分工的背景下，以往产业合作的重点及模式的选择，大多基于比较优势原理，认为只要建立在比较优势的基础上，双方通过合作便可以做到互通有无、互惠互利，实现对发达经济体的赶超，事实上，建立在这种理论基础上的发展战略，往往只能实现经济或产业的有限赶超，随着后发经济体与先发经济体的差距越来越小，其技术转移会慢慢受阻，附加值的提升也受到限制。基于此，产业合作的基础就不仅体现为比较优势与资源禀赋等，而是需要依靠对产业全球价值链的分析。

影响产业合作模式选择模型的因素很多，从全球价值链视角下的产业合作理论与实证视角看，在理论视角，对全球价值链视角下产业合作的主要模式——产业转移、产业升级和产业分工等研究文献比较多，例如雁形模式理论、产品生命周期理论、边际产业转移理论、全球价值链治理理论等的提出，以及全球化时代产业转移趋势、动力与路径的分析等；而在实证视角，对于某一国家或地区全球价值链参与程度、位置等的测度与比较成为研究的重点，而且主要侧重于分析它的外在影响性或者单独分析一国在全球价值链中的位置。在这些研究中，系统地对国家之间进行理论与实证分析的研究较少。

（2）产业合作模式选择模型的主体是两个国家或地区：全球价值链涉及很多国家和地区，本书建立的产业合作模式选择模型仅研究一对一的产业合作模式选择，即本模型中仅包含两个国家或地区。

黑龙江省对俄产业合作，尤其是装备制造业产业合作是中俄合作的重要组成部分。在黑龙江省对俄装备制造业合作中，产业合作模式的选择非常重要。在区域产业合作中，产业和产业之间并不是简单的区域或产业的互通，而是要实现共赢，如何实现共赢就涉及不同的产业合作模式。

在黑龙江省对俄装备制造业产业合作中，由于在全球化背景下，目前的全球化分工已经不仅是单纯的产业之间分工与产业内分工，而是在不断地向产品内分工演化，竞争已经由单纯的企业之间的竞争演进到产业链之间的竞争。在这种新的情境下，产业合作的基础不仅体现为比较优势与资源禀赋等，而是需要依靠对产业全球价值链的分析。同时，黑龙江省经济在中国经济大环境下也面临着转型与升级，在转型与升级的情境下，黑龙江省对俄产业合作不可避免地要告别过去的投资额导向而向产业结构调整、转型与升级导向转化，在这种导向下，产业合作自然也会发生新的变化。

基于这样的背景，本书选择黑龙江省作为立足点，在全球价值链的视角下，依据构建的产业合作模式选择模型来对黑龙江省对俄产业进行实证研究。

（3）产业合作模式选择模型的研究对象是两个主体中的一个：既然是产业合作模式选择模型，不同主体对产业合作模式均存在选择问题，那么由谁来选择？

在本模型中，主要针对两个主体中的一个，具体的研究对象需要根据研究问题与研究目标来综合确定。

对于黑龙江省与俄罗斯的产业合作来说，产业合作模式既是实现区域共同发展和互利共赢的必然选择，同时也是提高区域生产力及其在国际市场竞争力的需要。而在装备制造业产业中，俄罗斯在部分行业具有天然的优势，但是部分行业也具有一些问题，如何在黑龙江省对俄装备制造业产业方面进行产业合作，实现优势互补，延伸产业链和提升产业链价值是本书的研究重点。

本书对黑龙江省对俄产业的研究对象是装备制造业。根据黑龙江省对俄产业发展的实际情况，黑龙江省与俄罗斯装备制造业的选择依据为《黑龙江省统计年鉴》（2001~2018）和联合国商品贸易数据库（UN comtrade Database），同时按照《国民经济行业分类》（GB/T4754-2002）分类标准进行。

2. 理论框架的提出

根据对全球价值链、产业合作等相关文献的分析，结合本书的研究问题与研究目标，本书的理论框架可以确定为依据"产业特征定位—产业位势比较—产业合作模式选择"这一逻辑链来实施，具体如图3-1所示。

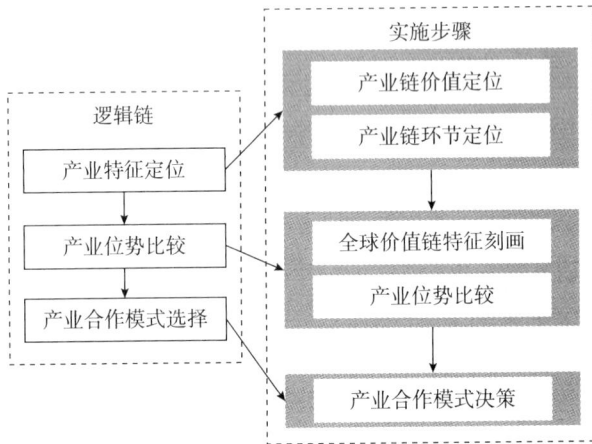

图3-1　全球价值链视角下产业合作模式选择模型的构建框架

根据本书对文献综述的梳理和理论框架的提出，本书基于全球价值链、产业合作、战略决策等理论，分三步来提出全球价值链视角下的产业合作模式。第一步是产业定位方法的选择，一方面，根据产业价值链环节的附加价值的不同，基于全球价值链的视角，将价值链环节分为核心价值链环节、中间价值链环节和外围价值链环节；另一方面，基于产业链的理论，全球价值链可以分解为技术环节、研发环节、生产环节、销售环节。产业特征定位主要从产业链环节的附加值和产业链环节两个部分进行分析，既要对产业链环节上的价值进行分析，同时也要对产业链环节进行分析，这样才能全面了解产业的特征。本书从全球价值链的视角入手，对产业特征的定位进行研究，主要根据比较优势理论，从两个国家或地区比较的角度进行特征定位。

第二步是产业位势比较方法的选择，基于全球价值链视角对产业位势进行比较，是在产业特征定位的基础上进行的，一方面对产业的全球价值链特征进行刻画；另一方面对基于产业在全球价值链的特征进行刻画，再进行位势比较。同时，产业位势的比较主体通常涉及两个或者两个以上的国家和地区，本书的主要研究目标是关注两个国家和地区之间的产业合作模式，因此，产业位势比较主要涉及两个国家和地区的定位与比较。

第三步是产业合作模式选择，在产业合作模式的选择方面，现有的文献有不同的分类方法，在宏观层面上，学者们提出了政府主导型、市场主导型和多元复合型产业合作模式；在产业层面上，学者们则有产业协同、产业转移、产业升级等说法；在企业层面上，则有基于产业链、基于市场和基于创新的产业合作模式等。在宏观层面上的产业合作模式一方面主要受到宏观经济政策、政治环境等宏观经济因素影响；另一方面在全球价值链视角下，宏观层次的产业合作模式与产业的全球价值链特征关系并不是很大。在微观层面上的产业合作模式选择则主要受到企业自身面临的市场环境与企业资源的影响。因此，本书主要从产业层面上对产业合作模式进行选择。

在产业层次的产业合作模式分类方面，根据相关文献的整理与分析，尽管缺乏系统性的梳理与分类，但是还是能从文献中整理出两个非常清晰的脉络：一个是基于产业的产业链方向；另一个则是基于产业的价值链方向。基于产业的产业链方向主要有垂直和水平两个方向；基于产业的价值链方向则主要有产业升级（价值链从低到高）、产业协同（价值链无显著差异）和产业转移（价值链从高到低）3 个方向。基于产业链和价值链这两个清晰的方向则可以组合成 6 种基本的产业合作模式。下面将分步骤进行具体的分析。

第二节　全球价值链视角下产业位势比较方法的选择

根据文献综述与理论框架，本书结合全球价值链、产业合作等理论分三步提出全球价值链视角下产业合作模式选择模型，首先是产业特征定位方法选择，其次是产业位势比较方法选择，最后是产业合作模式选择。

1. 全球价值链视角下产业位势比较的指标选取与计算

基于全球价值链视角下的产业位势，是在产业特征定位基础上进行比较的。通过对前面国内外主流文献的梳理和文献综述，产业位势的比较主要从两个方面进行比较：根据 Gereffi 等（1999）和 Kaplinsky（2000）的研究，一方面对不同国家或地区在全球价值链的具体环节或工序进行比较，在全球价值链的研发和销售环节创造的附加值要明显高于制造环节，因此，每个产业的整个价值链环节可以被近似看为一条 U 型线，通过测量其在 U 型线上的位置来比较；另一方面对不同国家或地区在全球价值链的经济价值或收益进行比较，在这方面 Johnson 等（2012）、Koopman 等（2011）以及王直等（2015）的相关方法均有应用，通过结合数据运用不同的方法计算不同国家或地区同一产业在全球价值链上的经济价值或收益就可以进行比较。同时，目前国内外文献中对这种产业位势主要集中于其外在影响或单独分析某个国家或地区的全球价值链产业位势，国家或地区之间的比较研究则较少，本书正是对国家或地区之间进行比较研究。

根据文献的分析，早期的学者们主要运用比较优势理论，通过生产要素、需求、支持性产业及相关产业、企业战略、结构与竞争者等方面来分析和比较产业位势；而在全球价值链视角下，主要关注文献中提出的两个方面，即产业的产业链环节特征和价值特征。因此，本书结合这两种理论，一方面对产业的全球价值链特征进行刻画，另一方面基于特征刻画进行位势比较。

同时，关于产业位势的比较主体通常涉及两个或两个以上的国家和地区，基于这个考虑，本书主要关注的是黑龙江省和俄罗斯两个区域关于装备制造业行业之间的产业合作模式，因此，产业位势比较主要涉及黑龙江省和俄罗斯两个区域。

在全球价值链视角下，如何才能对产业特征进行定位呢？根据本书的研究目标，主要从全球价值链视角研究特定产业的产业特征，而且这种产业特征需要包括产业链环节与产业链价值。按照这个思路，根据相关文献，本书认为：特定产业的加工贸易增值率能反映该产业在全球价值链中的产业链环节与产业链价值，而且具有比较意义。原因是：①在全球价值链视角下，从产业链环节特征定位的角度看，张明等（2010）研究的加工贸易增值率可以反映某产业在全球价值链中的位置和层次，即加工贸易增值率的大小反映了该产业在某国家或地区内的加工链条的长度；②在全球价值链视角下，从产业链价值特征定位的角度看，胡军等（2002）认为，加工贸易增值率的变化可以反映某产业的产业链特征，即加工贸易增值率的上升表示某产业的产业关联度上升、产业价值链延长和产业价值环节提升；同时，陈恩等（2008）也在研究中采用加工贸易增值率来量化加工贸易的产业链延伸及产业关联度的增强。

基于此，本书采用加工贸易增值率来对全球价值链视角下的产业特征进行定位，通过加工贸易增值率这个指标来反映一个国家或地区内某产业在全球价值链中的产业链环节与产业链价值特征。其中，加工贸易增值率的大小反映一个国家或地区内某产业在全球价值链中的产业链环节特征，而通过加工贸易增值率的时间序列变化来反映一个国家或地区内某产业在全球价值链中的产业链价值特征。

某产业的加工贸易增值率计算如式（3-1）所示：

$$V_{i,y} = \frac{E_{i,y} - I_{i,y}}{I_{i,y}} \tag{3-1}$$

其中，$V_{i,y}$ 表示加工贸易增值率；$E_{i,y}$ 表示加工贸易品的出口额；$I_{i,y}$ 表示加工贸易品的进口额；i 表示加工贸易品的种类；y 表示所属年份。

2. 全球价值链视角下产业全球价值链特征刻画方法选择

本书采用加工贸易增值率指标来表示全球价值链视角下的产业特征，而在计算出某产业的加工贸易增值率指标之后，如何进行产业位势的比较呢？根据理论框架部分的论述，全球价值链视角下产业位势的比较主要由全球价值链特征刻画与产业位势比较两个部分组成。

在对某产业的全球价值链特征进行刻画时，主要根据全球价值链视角下产业特征定位来进行刻画，因此，主要是从产业链环节特征定位与产业链价值特征定位两个角度对全球价值链特征进行刻画。同时，对全球价值链特征进行刻画的目的是选择产业合作模式，在这种情况下，不仅需要考虑某产业的现在及过去的全球价值链特征刻画，同时还需要考虑某产业未来的全球价值链特征刻画，这就需要在全球价值链视角下对某产业未来的全球价值链特征进行刻画，这种刻画是基于某产业的现在及过去的全球价值链特征刻画的。

基于以上分析，本书在选择全球价值链视角下产业位势比较方法时，首先对某产业的现在及过去的全球价值链特征进行刻画，其次对某产业未来的全球价值链特征进行刻画。对某产业的现在及过去的全球价值链特征主要通过计算某产业过去30年一直到现在的加工贸易增值率的数值和数值变化来进行刻画；而对某产业未来的全球价值链特征进行刻画则主要基于某产业的现在及过去加工贸易增值率来预测未来的加工贸易增值率。在对某产业未来的加工贸易增值率进行预测时，由于加工贸易增值率是通过某产业加工贸易商品的进口额和出口额进行计算的，因此直接对加工贸易增值率进行预测没有意义，基于此，本书需要对某产业的产品进出口额进行预测，之后结合式（3-1）来计算未来5年内的加工贸易增值率，从而对某产业未来的全球价值链特征进行刻画。

关于预测方法的选择，结合本书对全球价值链特征定位的指标选择以及研究目标，同时考虑预测方法的特点，因此选择比传统一元回归模型预测误差小的 ARMA（p，q）和 ARIMA（p，d，q）模型进行预测。具体的步骤是：①采用 ADF 检验对数据进行平稳性检验；②根据平稳性检验结果建立 ARMA（p，q）或 ARIMA（p，d，q）模型进行预测。本预测模型的运行与结果计算通过 Eviews 5.0 软件实现。

3. 全球价值链视角下产业位势比较方法的确定

目前国内外对产业位势比较的研究主要集中在单独分析一个国家或地区在全球价值链中的位置，而对于两个国家或两个地区之间的比较研究较少。本书针对两个不同发展水平的区域，来比较研究这两个区域在全球价值链中的位势与定位，通过运用比较分析的方法研究这两个区域在装备制造业产业合作上的差异，体现了两个区域在价值链中的参与度和利益获取程度，有助于区域对自身发展阶段进行定位，并对两个区域之间进行产业合作模式的选择指明了路径。

本书在对某产业的全球价值链特征刻画的基础上进行产业位势比较，根据理论框架部分的论述，产业比较在本文中主要涉及两个主体，分别是黑龙江省与俄罗斯的装备制造业。基于全球价值链的视角，黑龙江省与俄罗斯在装备制造业产业合作上具有较大的互补性和潜力。比较黑龙江省对俄装备制造业的发展现状，并研究黑龙江省对俄装备制造业在全球产业价值链中的位势与定位。

基于全球价值链的视角，从全球价值链特征刻画和产业价值链位势两个角度来对黑龙江省及俄罗斯装备制造业进行位势比较，主要通过加工贸易增加值率来反映装备制造业在全球产业价值链上的位势。首先确定黑龙江省与俄罗斯装备制造业产业价值链的定位方法，其次确定黑龙江省和俄罗斯七大装备制造业产业价值链位势比较。具体来说，根据加工贸易增值率的计算和预测结果，比较全球价值链视角下黑龙江省和俄罗斯七大装备制造业价值链的统计特征，而在比较之前，首先需要考虑的是黑龙江省和俄罗斯所涉及的某产业全球价值链特征是否存在统计上的显著差异，这需要通过均值比较中的配对比较方法来实现。

进一步的产业位势的比较主要通过两个方面来进行：一是对现阶段产业位势的比较；二是对未来5年内产业位势的比较。这两个方面的比较主要是基于对全球价值链视角下某产业的全球价值链特征进行刻画的，而在比较之前，首先要通过均值比较中的配对比较方法分析是否存在显著差异的检验，其次根据结果来进行后续比较，后续比较主要从加工贸易增值率大小与加工贸易增值率变化趋势两个方面进行比较。

本书的数据来源主要是从《黑龙江省统计年鉴》（2008～2018）和联合国商品贸易数据库（UN Comtrade Database）中提取的，按照《国民经济行业分类》，将黑龙江省的装备制造业划分为七大行业，俄罗斯的装备制造业划分为九大子类，并将两种分类进行合并处理。另外，将历年的装备制造业细分行业进行出口贸易数据平减处理，并计算2008～2018年黑龙江省和俄罗斯关于七大装备制造业的加工贸易增加值，之后进行比较分析。

第三节　全球价值链视角下产业合作模式过程

在产业合作模式的选择方面，现有的文献有不同的分类方法，在宏观层面上，学者们提出了政府主导型、市场主导型和多元复合型产业合作模式；在产业层面上，学者们则有产业协同、产业转移、产业升级等说法；在企业层面上，则有基于产业链、基于市场和基于创新的产业合作模式等。在宏观层面上的产业合作模式一方面主要受到宏观经济政策、政治环境等宏观经济因素影响；另一方面在全球价值链视角下，宏观层次的产业合作模式与产业的全球价值链特征关系并不是很大。在微观层面上的产业合作模式选择则主要受到企业自身面临的市场环境与企业资源的影响。因此，本书主要从产业层面上对产业合作模式进行选择。

在产业层次的产业合作模式分类方面，根据相关文献的整理与分析，尽管缺乏系统性的梳理与分类，但是还是能从文献中整理出两个非常清晰的脉络：一个是基于产业的产业链方向；另一个则是基于产业的价值链方向。基于产业的产业链方向主要有垂直和水平两个方向；基于产业的价值链方向则主要有产业升级（价值链从低到高）、产业协同（价值链无显著差异）和产业转移（价值链从高到低）三个方向。基于产业链和价值链这两个清晰的方向则可以组合成六种基本的产业合作模式。

一、全球价值链视角下产业合作模式选择方法的确定

全球价值链视角下产业合作模式选择的本质是某产业的全球价值链视角下产业位势比较结果与产业层次的产业合作模式之间的匹配关系，通过两者之间的匹配关系就能够在全球价值链视角下对两个国家或地区的产业合作模式进行选择。

全球价值链视角下某产业的产业位势比较结果涉及两个国家或地区之间的比较，这种比较一定是以一个为主，比较结果中包括加工贸易增值率大小与加工贸易增值率变化趋势两个指标，每个指标的比较结果均存在三种可能性，加工贸易增值率大小的比较结果有三种可能性，即位势高、位势无显著差异、位势低；加工贸易增值率变化的比较结果有三种，即增长快、增长无显著差异、增长慢。

而全球价值链视角下产业合作模式选择中可供选择的产业合作模式主要涉及产业层次的产业合作模式，而产业层次的产业合作模式主要有三种，即产业协

同、产业转移、产业升级。同时，在全球价值链的视角下这种产业层次的产业合作模式还需要考虑产业链的纵向关系（垂直关系）和横向关系（水平关系）。因此，产业层次的产业合作模式就从垂直关系和水平关系两种关系中分为产业协同、产业转移、产业升级三条途径，这样就共同组成了六种产业层次的产业合作模式，即垂直产业协同、垂直产业转移、垂直产业升级、水平产业协同、水平产业转移和水平产业升级，具体的产业合作模式如图3-2所示。当然，这只是一个产业层次产业合作模式的方向，具体的产业合作模式实施方式与过程需要进一步的分析，但是战略方向是可以确定的。

图 3-2　产业层次的产业合作模式分类

至于全球价值链视角下产业位势的比较结果与产业层次的产业合作模式之间的匹配关系一方面需要结合产业合作模式理论，另一方面需要结合战略一致性概念中的"匹配"关系来分析。根据全球价值链视角下产业位势的比较结果可以发现，其主要有两类指标，每类各有三种结果共可以组成九种不同的结果组合；而产业层次的产业合作模式共有六种模式可供选择，两者之间的匹配关系见表3-1。

表 3-1　全球价值链视角下产业合作模式选择匹配表

序号	产业位势比较组合	产业合作模式匹配	匹配依据
1	位势高、增长快	垂直产业转移	张辉（2004）
2	位势高、增长无显著差异	垂直产业协同、垂直产业转移	陈建军等（2011）；张辉（2004）
3	位势高、增长慢	垂直产业转移、垂直产业协同	张辉（2004）；陈建军等（2011）
4	位势无显著差异、增长快	水平产业协同、水平产业升级	胡大立（2006）；张其仔（2008）
5	位势无显著差异、增长无显著差异	水平产业协同、水平产业升级	胡大立（2006）；张其仔（2008）
6	位势无显著差异、增长慢	水平产业协同、水平产业升级	李月（2011）；张其仔（2008）
7	位势低、增长快	垂直产业升级、水平产业协同	张明志等（2011）；李月（2011）

序号	产业位势比较组合	产业合作模式匹配	匹配依据
8	位势低增长、无显著差异	垂直产业升级、水平产业升级	张明志等（2011）；张其仔（2008）
9	位势低、增长慢	垂直产业升级、水平产业升级	张明志等（2011）；张其仔（2008）

　　注：根据相关文献整理所得。

二、全球价值链视角下产业合作模式选择模型的决策过程

　　根据全球价值链视角下产业特征定位、产业位势比较与产业模式选择方法确定等的分析，从模型建立的角度可以构建全球价值链视角下产业合作模式选择模型。根据模型建立的步骤，模型建立需要遵循问题分析、模型假设、模型建立、模型求解、结果解释和模型应用等步骤，根据这个步骤可以建立产业合作模式选择模型，具体的步骤为：

　　1. 全球价值链视角下产业合作模式选择模型的前提假设与条件确定

　　（1）基于全球价值链视角来研究产业合作模式选择模型。

　　影响产业合作模式选择模型的因素很多，但是在本模型中仅从全球价值链视角进行研究。首先，从全球价值链视角下产业合作的层次视角看，产业间层次的分析是对国家整体产业层次在全球价值链中的增加值、位置、参与程度等的比较与分析，更能够清晰地诠释全球价值链视角下的产业合作模式的选择；其次，产业合作模式随着国际分工的不断发展，不断地深化和演化，国际分工已经从单纯的产业间分工与产业内分工，不断地向产品内分工演化。产业合作的基础也由原来的比较优势与资源禀赋等逐步转向基于产业的全球价值链的分析。因此，在本模型中仅从全球价值链视角研究产业合作模式选择模型。

　　（2）全球价值链视角下产业合作模式选择模型研究的主体是黑龙江省和俄罗斯。

　　我国经济发展总体趋势从高速增长趋势转为中高速增长的趋势。经济结构不断调整，驱动方式不断从要素驱动、投资驱动向创新驱动转变，发展进入新阶段、新情景。黑龙江省具有发展装备制造业的良好基础，为发挥黑龙江省装备制造业的基础优势，克服和弥补缺点与不足，认识新情景，适应新情景，促进装备制造业提质增效。要努力实现"黑龙江制造业"由大变强的转变，必须要有新理念、新思路、新对策。

　　在目前的经济环境下，黑龙江省对俄的产业合作由于地缘、文化等因素，具

有天然的优势。黑龙江省对俄经济合作中最重要的就是产业合作，尤其是装备制造业产业合作是中俄合作的重要组成部分。本书选择黑龙江省和俄罗斯作为研究主体，在全球价值链视角下，依据产业合作模式选择模型对黑龙江省对俄装备制造业的产业合作模式选择进行实证研究。

（3）在本模型中，产业合作模式选择模型的研究对象是两个主体中的一个，也就是黑龙江省或俄罗斯，这需要根据具体的研究对象、研究问题和研究目标来综合确定产业合作模式的选择。

2. 全球价值链视角下产业特征定位：主要基于加工贸易增值率的计算与分析

我国加工贸易的发展是基于垂直专业化分工的模式形成的，也是源于全球化背景下垂直专业化分工的结果，也就是说，中国的劳动力资源非常丰富，而国外的资本、技术、标准及跨国经营网络资源优异，正好形成了资源互补与结合的模式。从这个角度看，加工贸易不仅决定了我国加工链的长短，而且也决定了我国在世界生产分工的位置和层次。基于此，加工贸易增值率是一个衡量全球价值链产业特征定位的重要指标。

由于加工贸易增值率能反映产业在全球价值链中的位置和层次，同时也能反映该产业在某个国家或地区的加工链的长度。基于全球价值链和产业链价值特征定位的视角，本书引入加工贸易增值率的变化来反映某产业的产业链特征，也就是说，加工贸易增值率的上升，一方面表明该产业的关联度上升、产业价值链延长、产业价值环节提升；另一方面也表明加工贸易的产业链延伸和产业关联度的增强。

因此，基于全球价值链视角，本书采用加工贸易增值率来衡量产业特征定位，具体来说，引用加工贸易增值率这个指标来反映某个国家或地区的产业在全球价值链中的产业链环节与产业链价值特征。

3. 全球价值链视角下产业位势比较：主要基于加工贸易增值率计算结果的特征刻画与产业位势比较

通过引入加工贸易增值率指标来表示全球价值链视角下的产业特征，在此基础上进行产业位势比较，这主要从两个方面进行比较：一是基于全球价值链视角对产业链环节特征定位进行刻画；二是基于全球价值链视角对产业链价值特征进行刻画。在对基于全球价值链的产业链环节特征定位和价值链环节特征进行刻画的基础上进行产业位势比较。在这里要强调的是，本书主要涉及两个主体，同时，产业位势比较一方面要通过对现阶段产业位势进行比较；另一方面要对未来5年内产业位势进行比较。

4. 全球价值链视角下产业合作模式的确定：主要通过对全球价值链视角下产业位势比较结果与产业层次的产业合作模式关系进行匹配来确定

本书的目标是基于全球价值链视角来研究产业合作模式的选择路径，基于匹配的方法，将某产业全球价值链视角下的产业位势比较结果与产业层次的产业合作模式进行匹配，通过两者匹配关系的结果能够得出，基于全球价值链视角两个国家或地区的产业合作模式的路径选择。

本书根据黑龙江省与俄罗斯七大装备制造业产业价值位势比较的结果，与产业合作模式进行匹配，可以得出黑龙江省对俄的产业合作模式，详情请参见第五章的分析。

第四章　全球价值链视角下黑龙江省装备制造业对俄价值链的特征分析

随着社会的不断发展，装备制造业产业在黑龙江省具有重要的地位，是黑龙江省的支柱性产业。随着经济全球化的推进，黑龙江省装备制造业产业对俄产业的合作加快了黑龙江省产业的振兴。

第一节　黑龙江省装备制造业产业的特征分析

本节从装备制造业产业的基本状况、产业链特征、价值链特征对黑龙江省装备制造业产业进行特征分析。

一、黑龙江省装备制造业的基本状况

黑龙江省的工业基地历史悠久，装备制造业一直占有至关重要的地位。目前，黑龙江省装备制造业的货车制造业、飞机制造业、冶金工业专用设备制造业、发电机制造业、汽轮制造业、锅炉制造业在我国名列前茅。但是，装备制造业是一个涉及行业广泛，和其他行业关联性较大的一个行业，包括加工能力、核心技术研发、技术创新等。

（1）产业规模增大，产值增加。

在宏观政策的作用下，近年来，黑龙江省的装备制造业和过去几年相比发展得较快，工业园区、经济开发区相继建造了起来，如哈尔滨汽车制造业产业基地、哈尔滨发电设备产业有限公司等。这些产业园区的建成，为黑龙江省装备制造业的发展提供了新能量，带动了产业链的不断进步、更新和完善，同时对规模经济的形成起到了促进作用。

2014~2018 年，在装备制造业中，大部分企业的工业增加值呈增加的趋势，

如金属制品业由 192.6 亿元下降到 94.1 亿元，下降了 51.1%；通用设备制造业由 451.6 亿元增长到 622.8 亿元，增长了 40%；专用设备制造业由 286.3 亿元增长到 643.9 亿元，增长了 125%；汽车制造业由 172.6 亿元增长到 371.3 亿元，增长了 151%；计算机、通信和其他电子设备制造业由 23.5 亿元增长到 94 亿元，增长了 300%，如表 4-1 所示。

表 4-1　2014~2018 年黑龙江省装备制造各门类工业增加值

单位：亿元，%

	2014 年	2015 年	2016 年	2017 年	2018 年	2014~2018 年增速
金属制品业	192.6	173.1	155.7	79.7	94.1	-51.1
通用设备制造业	451.6	346.1	330.5	631.9	622.8	40
专用设备制造业	286.3	294.5	246.7	633.9	643.9	125
汽车制造业	172.6	197.5	237.0	314.8	371.3	151
计算机、通信和其他电子设备制造业	23.5	23.7	24.4	37.9	94.0	300

资料来源：根据《黑龙江省统计年鉴》（2014~2018）整理所得。

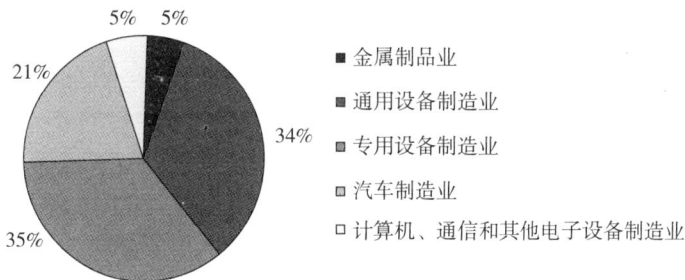

图 4-1　2018 年黑龙江省装备制造业内产值占比

由表 4-1 可知，2014~2018 年，黑龙江省装备制造业总体呈向上趋势，由图 4-1 可知，通用设备制造业和专用设备制造业产业占装备制造业产值比重较大，和其他产业相比，通用设备制造业和专用设备制造业具有一定的优势。

（2）推进自主创新成果转化。

在经济全球化的时代背景下，技术创新是最具有价值的条件，既能提升产业的升级又能创造出更多价值。创新是一个企业在技术研究上的动力，若创新成果只是理想化的，无法应用到实际生产，那么创新也是徒劳的。黑龙江省为了将更多的创新成果应用到实际中，通过先进的科学技术对众多行业和生产领域进行改善，以此优化各个产业的生产效率。

在成果转化方面，2012 年，黑龙江省政府针对科研院所构建了"三位一体"的科技创新体系；2013 年有 523 项科技成果实现了转化；2014 年，将《黑龙江省科技进步条例》结合现代化国内外市场的需求进行重新编制，此次编制对科技成果利益分配制度有了明确清晰的认定，成功地举办了 150 余场科技招商和转化对接活动，推动 153 项科技成果落地应用；2015 年，政府开启了"千户科技型企业三年行动计划"；2016 年，实现了 330 余项科技项目成果。随着科技成果越来越多的实现并且投入到实际生产中，黑龙江省装备制造业的科技实现成果转化能力进步较快，为黑龙江省装备制造业的进一步繁荣优化带来了动力。

在成果实现方面，黑龙江省装备制造业产业努力将科技创新成果和实际相结合。如哈尔滨电机厂生产了一台 30MW 等级的水轮机，具有世界先进水平；中航工业与空中客车直升机公司联合研发了多用直升机。黑龙江省政府发挥着政府的作用并且积极引导，企业和政府之间通力协作，黑龙江省成立了哈工大机器人集团、激光通信公司等技术型公司。黑龙江省装备制造业产业的发展着力于注重自主创新以适应现代化发展的需要。

（3）在龙头企业的带领下，产业集聚效应初步有了效果。

首先，龙头企业具有完善的产业链条，从技术能力到管理方式到物流渠道都具有系统性。这些龙头企业可以同国内外企业直接进行合作和交流。在龙头企业的领导下，构成的产业集群可以为中小企业提供同国内外大型企业的合作机会。其次，龙头企业和相关中小企业集聚后优化了产业布局，提高了生产效率，优化了生产方式。最后，龙头企业资金链雄厚，它们的技术相对成熟，对于市场上先进的创新技术可以引进并结合当地情况进行改造，之后应用到实际当中。故在龙头行业的带领下，中小企业不仅可以接触到先进的生产技术，突破技术门槛，还可以因此谋得更高的收益。

近几年，在黑龙江省政府的带领下，装备制造业的发展势头突飞猛进，在各个企业和政府的协作下形成了 2 个重点产业链，建成了 3 个国家级高新区，建成了 4 个国家级火炬计划产业基地，并且同哈尔滨工业大学等黑龙江省 3 所高校联合构建了国家级大学科技园。黑龙江省装备制造业由于政府的大力扶持，装备制造业企业也开始进行升级改造。表 4-2 是黑龙江省装备制造业各产业部分龙头企业。

表 4-2　黑龙江省装备制造业各产业内龙头企业和产业基地

产业	龙头企业	产业基地
金属制品业	东北轻合金有限责任公司等	

产业	龙头企业	产业基地
通用设备制造业	哈飞集团、齐重数控装备股份有限公司等	哈尔滨发电设备产业基地
专用设备制造业	大庆石化机械厂、农垦集团等	大庆石油石化装备制造业产业基地
交通运输设备制造业	哈飞汽车、北车集团、哈尔滨东安三菱汽车发动机制造公司等	哈尔滨汽车制造产业基地；中国飞机拆解基地
电器机械及器材制造业	哈尔滨变压器有限责任公司、哈尔滨电气集团等	齐齐哈尔重型机械装备业产业基地
仪器仪表及文化办公机械制造业	哈尔滨轴承集团公司、哈尔滨电表仪器厂等	

二、黑龙江省装备制造业产业链的特征

黑龙江省装备制造业产业链主要是由装备制造业的龙头企业向外延伸扩张到一些中小企业，主要包括原材料、设备供应、加工装配、终端产品市场这些链条。在产业链条上有研发设计、加工、流通、销售等环节，这些环节都是产业链条上的重要节点。在这些节点中，研发环节是产业链上增值最大的节点，也是对创新性要求更为严格的一个环节，具体如图 4-2 所示。

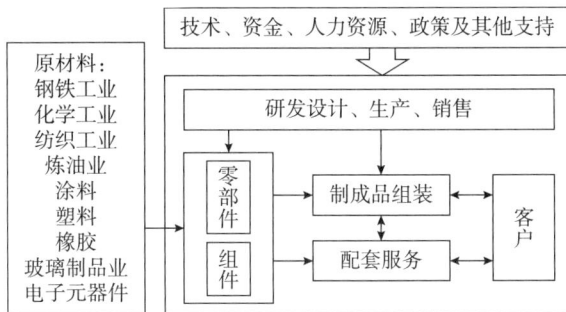

图 4-2　装备制造业产业链

（1）产业链条长。

黑龙江省装备制造产业在产业链图上可看出涵盖广泛，纵向上从林业、钢铁业到金属制造业、橡胶制品业、化学原料制品等不同的产业。横向范围又包括研

发、设计、制造、服务等不同的产业。与普通的制造业相比，黑龙江省装备制造业的产业链条长，同装备制造业相关联的产业又很多。故黑龙江省的装备制造业对黑龙江省其他行业的影响较为强烈。

（2）产业链多链并行。

黑龙江省地理面区域广泛，装备制造业的门类相对齐全。随着时代的变迁，黑龙江省的自然资源较丰富。但是在一个资源丰富的地方，与装备制造业产业链不完整且平行的产业链较多，这样会造成黑龙江省的装备制造业发展相对较困难。但是，在大的经济区域内，这样会造成黑龙江省各个装备制造业企业相互之间发展得并不紧密，缺乏交易和合作。如哈尔滨航空工业集团、哈尔滨电站设备集团公司、东轻集团等，这些企业生产的都是最终产品，它们之间几乎都是相互平行的。

（3）产业链条处于中低端水平。

2019 年 7 月，中国工程院对我国 14 类高端装备制造业产业和其他发达国家进行对比分析发现，从产业规模到质量效益、结构优化、持续发展等方面进行对比，得出我国产业链存在致命的短板，在高档数控机床、机器人、机载设备及系统、高端医疗器械领域和国际上有较大的差距，农业装备、航空发动机有巨大差距的结论。工程院对 26 类具有代表性的装备制造业产业评估结果显示，现如今部分产业对国外的依赖性巨大，在数控系统方面过度依赖于进口，尤其是关键部件达到 100% 的进口。高端产业缺乏自主创新能力，由于工业基础能力薄弱，在某些领域中的关键技术受制于人，使黑龙江省装备制造业企业从中低端走向中高端存在瓶颈。

（4）现阶段产业链条不完全。

目前，黑龙江省装备制造业产业链条没有形成完整流畅的产业链条。大型企业主要生产和制造与本地化不相关的产品，从而导致黑龙江省装备制造业产业链向外省转移，因此，相关产品的成本也增加了。

（5）信息化水平不均衡。

黑龙江省的装备制造行业之间信息化水平存在着较大的差异。汽车制造业行业的信息化水平同其他行业相比信息化程度较高。产业链上的信息化不均衡对黑龙江装备制造业的发展产生了极大的影响。

黑龙江省装备制造业总体水平处在较低的位置，除了大型企业和龙头企业资金充裕，在技术创新方面积极努力之外，中小企业面临资金难、缺乏创新意识、学习先进外来技术的能力较差等问题。

三、黑龙江省装备制造业价值链的特征

黑龙江省装备制造业企业的价值链是由多种环节层层环绕紧密联系在一起

的，由基础活动环节到辅助活动环节组成，但装备制造业的价值链和其他制造业的价值链不太一样，它就像成本曲线一样，呈现"U"型分布。价值链条包括很多种环节，如市场调研、产品研发、供求曲线分析、销售及售后服务等。近年来，随着经济全球化的发展，竞争越来越激烈，黑龙江省装备制造业企业在价值链中扮演重要的角色就是研发和服务环节，也是创造价值最多的环节，零部件制造、零部件组装、运输、仓储等环节就显得有些逊色。整体呈现两端价值高，中间价值较低的状态，这也是呈现"U"型状态的原因。所以，在黑龙江装备制造业价值链条中，核心零部件的制造和研发服务在整个价值链中扮演着战略性角色，是高附加值环节，其余部分环节属于低附加值状态。故黑龙江省装备制造业产业要想创收高利润，就要从高附加值环节着手，将资源合理化分配，做到效用最大化，充分发挥优势环节。

《"大智移云"推动产业转型升级创新驱动引领数字经济发展》报告会明确了黑龙江省的未来发展方向。会议上明确提出，黑龙江省的装备制造业日后和信息化之间相互融合，信息化对装备制造业起到引领的作用，促进装备制造业更好地发展。2018年，黑龙江的哈南工业新城互联网平台正式启动，开始打造工业智能化的"大脑"，哈尔滨轴承集团作为此次活动的样板企业，打造多家智慧型工厂，国内先进信息技术平台的不断发展壮大，各个省级以上的研发机构团结奋斗，促进了黑龙江省装备制造业产业链升级。

中国工业开始在技术方面和结构方面进行调整，大力投入科学技术研发资金，使装备制造业区域内的一些产品在技术上实现了突破，但是由于某些领域的核心技术已经被发达国家垄断，致使我国装备制造业在整体水平上和发达国家相比略低一等，目前处在全球价值链的底端。黑龙江省工业资源优良，贴牌代工厂、委托加工低技术含量的产品是目前黑龙江省装备制造业的主要经营模式，装备制造业的整体水平还处于国内的低档水平。

第二节　俄罗斯装备制造业产业特征分析

一、俄罗斯装备制造业的基本状况

从地理位置上看，俄罗斯横跨欧亚大陆，处在亚洲的北部、欧洲东部。在制定规划和推行有效的经济政策时需要考虑特殊的地理位置。俄罗斯的远东地区和外贝加尔湖地区由于在地理方面有着重要意义，故要在其稳定发展的基础上创造良好的经济条件。在资源角度方面，俄罗斯东临太平洋，太平洋沿岸有着丰富的自然资源，在经济领域中占据着重要的地位。由于中国经济的飞速发展，俄罗斯东北亚地区成为世界上发展最快的经济地区之一。北临北冰洋，西临大西洋，和中国有陆路接壤。俄罗斯的矿产资源极其丰富，其中，石油储备量是世界石油总储备量的 1/10，煤炭矿物质储存量排世界第 2，铁藏量居世界第 1，铝藏量居世界第 2，铀藏量居世界第 7，黄金藏量居世界第 14。俄罗斯作为世界上第二大军事大国，重工业产品的生产一直在世界上名列前茅。机械制造业和金属加工业一直是俄罗斯从古至今以来的优势，机械制造业和金属加工业产值占俄罗斯 GDP 的 20%。在整个装备制造业行业中钢铁行业占据着主要部分。

俄罗斯工业主要以大型重工业，森林工业，军事工业，油气开发为主。俄罗斯的重工业发达，轻工业薄弱，许多产品产量居世界前列。俄罗斯的核工业和航空航天工业在世界占有重要地位，俄罗斯企业能制造世界一流的战机和导弹防御系统，在航空、火箭发动机，微波功率器件的研究制造方面具有一定优势；在核电设施建造，核燃料生产及储存，钛合金材料等领域拥有一批世界级企业，像俄罗斯国家原子能公司，阿唯斯玛镁钛联合体等。

二、俄罗斯装备制造业产业链的特征

俄罗斯装备制造业产业可将产业链条划分为主导环节、关键环节、配套环节。主导环节在装备制造业产业链中起着主导作用，在整个产业链中的应用较为广泛，带动产业链条上其他环节又快又好地发展和运行。关键环节顾名思义就是在整个产业链中起到至关重要的作用，是整个装备制造业产业链中不可替代、挥之不去的环节，它是整个产业链条中的重点。配套环节也是产业链条当中不可或缺的一个环节，虽然在经济效用中表现得不明显，但是会使产业链条更加完整。

俄罗斯的装备制造业处于高端水平。产业链长且复杂，制造业规模庞大。具有完善的产业链、产品生产、研发、销售、行业应用等环节同时涉及，对于生产环节要求高度细致、高度精确、高度稳定。俄罗斯装备制造业中的航空航天工业水平处在世界前沿。2015 年 12 月 11 日，俄罗斯国防部召开总结会议，会议上肯定了俄罗斯在装备制造业中取得的优异成绩，对军用类飞机的制造给予了肯定。2015 年，俄罗斯某个航空公司向国外出口战斗机 150 余台、军用飞机 32 架。

随着企业与产业之间的关系变得越来越紧密，产业慢慢地出现纵向一体分解化和横向一体合作的现象。这一过程的变化使俄罗斯从单一的企业之间的竞争转向了多个企业，形成经济联合体之间的竞争。随着竞争的日益激烈，产业链条之间的关系越来越紧密。俄罗斯装备制造业的产业链条形成最初是由于市场规律的作用，企业之间为了生存，逐渐适应了这种市场化的要求。装备制造业产业链由4个维度组成，包括企业链、供需链、空间链、价值链。企业链的存在代表了装备制造业产业链的形成，供需链是生存的根本。价值链的存在是装备制造业产业链中的主导链条，空间链条是装备制造业产业链中的宏观因素。随着俄罗斯科技和经济的蓬勃发展，俄罗斯装备制造业企业的产业链条也在不断地改变。为了满足整个市场的需要，随着需求量的不断加大，供给链也随之发生相应的变化。在需求链引发的影响下，俄罗斯装备制造业的产业链也会发生变化，链条上每一个环节都发生了相应的变化，当企业链和空间链发展到了一个阶段的时候，又会反作用于供求链，一个循环又一个循环往复，产业链会不断升级，价值链的主导地位一直没有改变。

三、俄罗斯装备制造业价值链的特征

生存者驱动价值链产品复杂化，装备制造业作为既要有知识技术又要有资本的行业，复杂的生产工序符合生产者驱动价值链的特征。生产者驱动价值链要求企业或厂商要有先进的科学技术和不断创新的技术核心能力。装备制造业的龙头制造业既要对廉价的生产要素进行更有效的利用，又要同其他厂商进行沟通交流与合作，同时也要保持自身的核心竞争能力，以此避免自己的核心技术被侵犯。俄罗斯装备制造业企业根据其所处价值链地位的不同，可将企业分为领导型企业、高级供应商企业、低级供应商企业3种类型。领导型企业处在价值链的高端，是俄罗斯装备制造业企业中价值链的领导者，价值链中领导者的自身行为会直接影响其他厂商或供应商的发展。领导型企业又被划分为品牌效应领导者和合同制造领导者，它们的优势都是对主要资源的掌控和创新。高级供应商企业主要负责产品研发和产品营销等价值链上所有的售后环节，低级供应商企业直接和高级供应商企业进行沟通和联系，从事低成本、低附加值活动。由于价值链中的领导型企业为了在激烈的竞争环境中依旧保护自己的竞争优势，通常为了保护自己的核心技术不被抄袭和泄露，通过"障眼法"的模式设置阻碍。通过领导型企业转向高级供应商企业最后流通到低级供应商企业，处在价值链越底层的企业或厂商获得或了解的知识就越少。

第三节　黑龙江省与俄罗斯装备制造业的特征比较

一、黑龙江省与俄罗斯装备制造业基本状况比较

俄罗斯在核电制造业、化工制造业、金属冶炼制造业领域具有极大优势，中俄双方的合作提升了我国制造业的发展水平，中国经济发展速度过快，资源消耗大，而俄罗斯人口少，有着丰富的资源，中俄两国之间存在互补关系。俄罗斯在航空航天、核能、激光、生物工程等方面具有较大的优势，并且其高技术资源在世界名列前茅。引进俄罗斯的高技术资源和先进的生产技术，黑龙江省的装备制造业也会因此而提升。特别是俄罗斯在军事科技、战斗导弹、航母技术方面具有世界一流水平，有着相当成熟的经验，这些技术的加入，使黑龙江省装备制造业的发展有了质的飞跃。黑龙江省地理位置和俄罗斯的远东地区相连接，黑龙江省具有丰厚的劳动力资源，但是缺乏装备制造业的相关技术，但其资金资源充足。俄罗斯地区重工业技术较发达，其远东地区具有丰富的资源，但是缺乏资金和劳动力，两地区合作可以优势互补，能为两地区的发展提供扎实的基础。

俄罗斯装备制造业的自身产业链是全产业链内上下游企业协调发展，下游企业有上游企业较强大的技术支撑，市场需求也会因为上游企业的帮助得到利益最大化的保证。俄罗斯装备制造业上下游企业和黑龙江省装备制造业也会有着竞争关系，但俄罗斯装备制造业掌控着大量的核心技术。黑龙江省装备制造业因为技术水平和专利技术的限制，在技术水平上受到了极大的限制。装备制造业发展的强大主要依赖于价值链和产业链的影响。近几年，国家针对黑龙江省装备制造企业的政策不断出台，黑龙江地区和俄罗斯地区的装备制造业强强合作，带动俄罗斯地区经济走向繁荣。

二、黑龙江省与俄罗斯装备制造业产业链特征的比较

黑龙江省装备制造业的产业链和其他行业关联性大，产业链条长，装备制造业和其他跨行业服务影响较大。俄罗斯装备制造业产业链比较完善，有着充分的生产加工技术，创新能力较强，在重工业方面有着较强的核心技术，各个生产链

条之间联系紧密。俄罗斯拥有大型的跨国公司企业，资金充裕，黑龙江省和俄罗斯在装备制造业的合作，将实现两地区的优质资源互补，黑龙江省能带动俄罗斯远东地区的经济发展，俄罗斯装备制造业产业在航空和卫星制造业中有着深厚的积淀。从黑龙江省和俄罗斯两地区的经济情况看，龙头企业或国际跨国公司掌握着技术的核心部分，俄罗斯自古以来重工业技术名列前茅，尤其是航空和卫星制造业是俄罗斯装备制造业中最具有核心技术的行业。但是随着政府对于黑龙江省装备制造业越来越重视，一方面加大投资力度，引进新技术，注重创新技术；另一方面部分产品会实行外包政策，会选择低成本、高效率的企业进行加工生产。俄罗斯和黑龙江省在电气机械制造业中，东宁县的多家企业主要生产原材料和半成品是华益电力互感器厂的供应商，和俄罗斯滨海华宇经贸合作区对接，通过跨境连锁的模式，形成了境内外联动的电力设备产业链。在仪器仪表制造业和文化办公机械制造业中，黑龙江省的部分企业和俄罗斯的某类型的企业互帮互助，如大庆市日上仪器制造有限公司和俄罗斯某家大型石油仪器销售公司进行合作，在二者的通力协作下，延长了各自的产业链又为产品跨国合作提供了机会。

装备制造业是工业发展的中坚力量，集知识密集型、产业密集型、劳动密集型于一身，装备制造业的发展壮大与否，与这些特征都密不可分。装备制造业和其他产业链相比，产业链较长，经济环境的因素不会直接导致装备制造业企业迅速倒闭。俄罗斯同中国一样都属于发展中国家，但是俄罗斯装备制造业的核心技术较多，装备制造技术主要是由基础技术和中间技术决定，黑龙江省同俄罗斯之间中存在的差距就是由于上游行业的技术比较匮乏，核心竞争力难以提升。

三、黑龙江省与俄罗斯装备制造业价值链特征的比较

装备制造业产业链长，是集知识密集型、劳动密集型、技术密集型于一身的产业，且与生产服务也有较大的相关性。黑龙江省装备制造业同俄罗斯装备制造业相互合作、相互借鉴，能为两地区的经济发展提供强大的动力保障。随着经济全球化的发展，黑龙江省装备制造业将产业链划分为不同环节。不同环节之间最大的差距就是利益差距，而其他生产工艺、要素、流程的差距并不明显。产品设计、创新技术属于价值链上的高附加值产品。从黑龙江省和俄罗斯两地区的经济情况看，黑龙江省属于老工业基地，工业基础雄厚，并且基础设施比较完善，装备制造业在黑龙江省经济发展中占有重要地位。但由于传统的装备制造业占主导地位，技术水平落后，导致其缺乏市场竞争力。俄罗斯拥有管件和棒料摩擦焊技

术及摩擦焊设备制造技术、机床设计与制造及大型抽气机组关键技术和燃气轮机动叶、导叶的精铸技术等方面的先进技术，黑龙江省可以从俄罗斯引进相关技术，改造黑龙江省的装备制造业，提高产品的技术含量和创新能力，促进装备制造业产品的出口。

第五章　全球价值链视角下黑龙江省装备制造业对俄产业全球价值链位势比较与定位研究

自 2001 年中国加入世贸组织以来，装备制造业已成为黑龙江省的支柱产业，形成了一个较为稳固的制造体系。但是经过近 20 年的发展，黑龙江省装备制造业原有的优势不断减弱，即黑龙江省装备制造业过去的产业发展模式已不再适应当前的经济形势。对比毗邻黑龙江省的老牌工业强国俄罗斯，它继承了苏联时代的重工业基础，是世界上少有的几个具有完整工业基础和军事工业体系的国家。基于全球价值链角度，我们可以发现，黑龙江省与俄罗斯在装备制造业产业合作上可能具有较大的潜力。比较双方装备制造业的发展现状、定位双方的产业价值链位势、探究可行方式进行产业合作是黑龙江省装备制造业实现进一步发展的必由之路。因此，本章致力于分析黑龙江省与俄罗斯装备制造业的基本现状，并探究双方在全球产业价值链中的位势与定位。

第一节　黑龙江省与俄罗斯装备制造业基本状况比较

本节根据历年《黑龙江省统计年鉴》和联合国商品贸易数据库（UN Comtrade Database），对 2001~2018 年黑龙江省与俄罗斯装备制造业相关数据进行整理。按照《国民经济行业分类》（GB/T4754-2002）分类标准，我国装备制造业可以划分为 7 大行业：①金属制品业；②通用设备制造业；③专用设备制造业；④交通运输设备制造业；⑤电气机械及器材制造业；⑥通信设备、计算机及其他电子设备制造业；⑦仪器仪表及文化、办公用机械制造业。而在俄罗斯的装备制造业方面，本节从 UN Comtrade 数据库中以 SITC 门类中的 Rev. 4 标准进行分类，并取 Machinery and transport equipment（机械及运输设备业）行业中的 9 大子类进行研究。具体包括：①Power-generating machinery and equipment（发电机械和设备业）；②Machinery specialized for particular industries（专用特定行业的机械业）；③Metal working machinery（金属加工机械业）；④General industrial machinery and equipment（通用设备与机器零件业）；⑤Office machines and automatic data-processing machines（办公机器和自动数据处理机器业）；⑥Telecommunications and sound-recording and reproducing apparatus and equipment（通信及录音、放音设备业）；⑦Electrical machinery, apparatus and appliances and electrical parts thereof（电机、仪器、器具及其电子部件业）；⑧Road vehicles（交通运输业）；⑨Other transport equipment（其他运输设备）。两种分类标准重合性良好，为了方便比较，我们将两种分类进行合并处理，具体如表5-1所示。

表5-1 俄罗斯及黑龙江省装备制造业分类合并方案

俄罗斯装备制造业	中国装备制造业
机械及运输设备业	装备制造业
发电机械和设备业	电气机械及器材制造业
专用特定行业的机械业	专用设备制造业
金属加工机械业	金属制品业
通用设备与机器零件业	通用设备制造业
办公机器和自动数据处理机器业	仪器仪表及文化、办公用机械制造业
通信及录音、放音设备业	通信设备、计算机及其他电子设备制造业
电机、仪器、器具及其电子部件业	电气机械及器材制造业
交通运输业	交通运输设备制造业
其他运输设备	

为了便于对比，统计年鉴中部分人民币货币单位由当年美元兑人民币汇率进行换算，且分别对黑龙江省和俄罗斯历年数据以2000年GDP不变价进行平减处理。通过比较黑龙江省与俄罗斯在装备制造业上的规模、产值和技术与知识含量情况，分析双方装备制造业的基本情况以及合作潜力，为黑龙江省与俄罗斯装备制造业产业价值链位势分析提供依据。

一、装备制造业增加值规模及结构比较

在制造业增加值整体规模上，黑龙江省制造业增加值从2001年的41亿美元

快速增长到 2018 年的 1664.33 亿美元，增长了 39.59 倍；俄罗斯制造业增加值从 2001 年的 500.90 亿美元增长到 2018 年的 13318.25 亿美元，增长了 25.59 倍，如图 5-1 所示。

（亿美元）

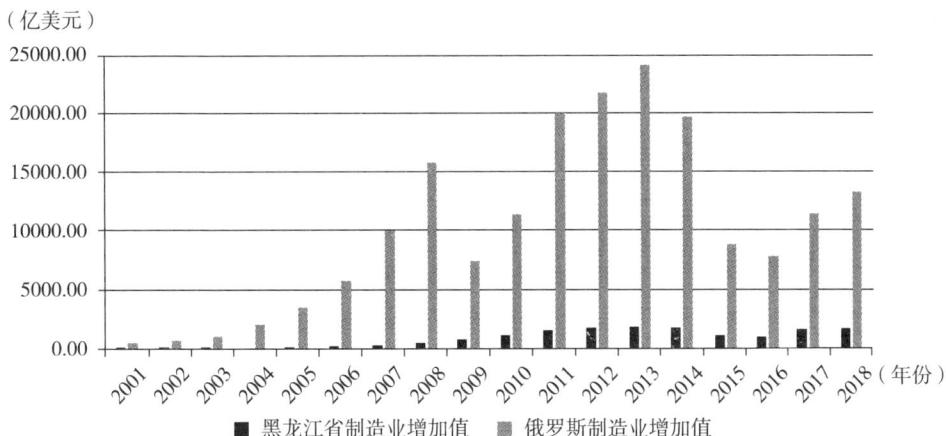

图 5-1　黑龙江省和俄罗斯制造业增加值

需要说明的是，黑龙江省 2013~2018 年制造业增加值数据缺失，本节依据黑龙江省工业增加值和制造业增加值之间良好的线性关系，假定制造业增加值变化趋势与工业增加值基本一致，通过线性回归法"预测"了 2013~2018 年制造业增加值数据。

在双方制造业增加值之间的差距上，如图 5-2 所示，存在先扩大、再收窄，最后趋于平稳的趋势。2001 年，俄罗斯制造业是黑龙江省的 12.22 倍，接下来 6 年双方的差距持续扩大，并于 2007 年达到峰值（39.41 倍），2008 年和 2009 年双方差距持续收窄，达到 10.12 倍，随后的 9 年双方制造业增加值差距稳定在 10.27 倍。

由于《黑龙江省统计年鉴》和 UN Comtrade 数据库都没有直接给出装备制造业的有关数据，因此本节对现有数据进行进一步整理。在 UN Comtrade 数据库中，俄罗斯装备制造业增加值可以通过机械和运输设备占制造业增加值的百分比与制造业增加值相乘得出。在《黑龙江省统计年鉴》中，首先通过黑龙江省各市 7 大装备制造业生产总值求和得到黑龙江省装备制造业的生产总值；其次通过计算得出历年黑龙江省工业增加值和工业总值之间的比例；最后用计算出的历年装备制造业生产总值和对应的比例相乘，以估计黑龙江省装备制造业增加值数据。

（亿美元）

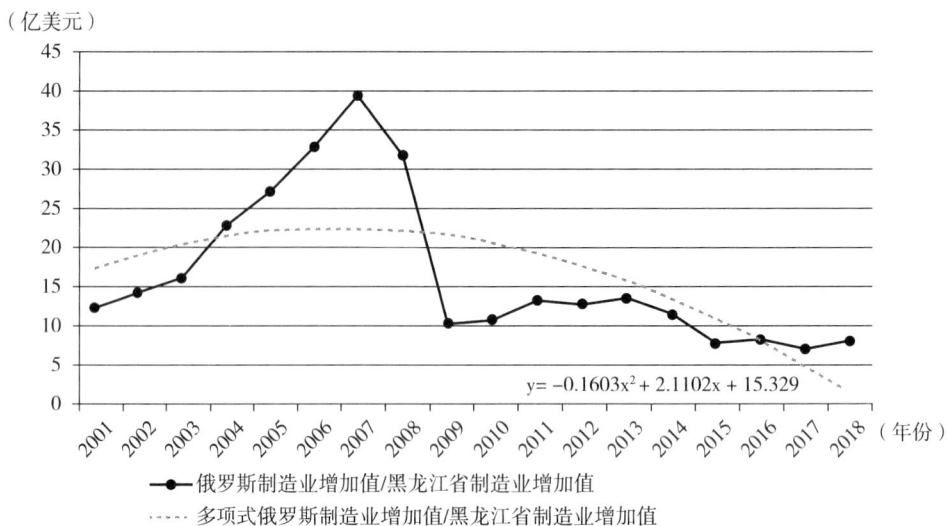

$$y = -0.1603x^2 + 2.1102x + 15.329$$

—●— 俄罗斯制造业增加值/黑龙江省制造业增加值

······· 多项式俄罗斯制造业增加值/黑龙江省制造业增加值

图 5-2 俄罗斯制造业增加值/黑龙江省制造业增加值

（亿美元）

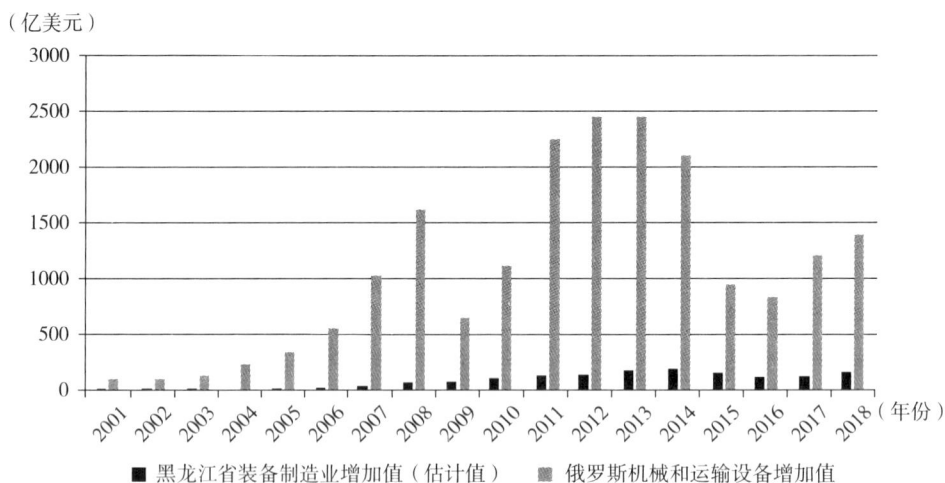

■ 黑龙江省装备制造业增加值（估计值）　■ 俄罗斯机械和运输设备增加值

图 5-3 黑龙江省、俄罗斯装备制造业 2001~2018 年增加值

如图 5-3 所示，在装备制造业增加值上，黑龙江省装备制造业增加值从2001 年的 3.4 亿美元增长到 2018 年的 162.6 亿美元，样本期间内增长为初始增加值的 47.76 倍；俄罗斯装备制造业增加值从 2001 年的 96.34 亿美元增长到2018 年的 1397.89 亿美元，同期增长为初始增加值的 14.51 倍。对比制造业增加值整体情况，黑龙江省装备制造业增加值初始基数较小，但成长较快，增长速度远远超过同期制造业增加值增长的倍数；俄罗斯装备制造业增加值初始基数较高，成长较慢，其增长速度低于制造业增加值的增长速度。

如图 5-4 所示，俄罗斯机械和运输设备业增加值/黑龙江省装备制造业增加值在样本期间内的波动呈下降趋势。说明总体上，双方装备制造业增加值规模的差距有所减缓。俄罗斯机械和运输设备增加值/黑龙江省装备制造业增加值在 2001~2007 年维持在较高水平，2007~2010 年显著减小，2011~2013 年有所增大，随后 2014~2018 年，双方商值降到较低水平，均值为 8.57 倍，略低于双方制造业增加值之商，即 10.27 倍。通过对比分析，黑龙江省和俄罗斯在制造业增加值规模方面的差距先是持续扩大，自 2008 年之后持续明显缩小。而双方在装备制造业增加值规模上的差距则呈现明显的下降趋势。

（亿美元）

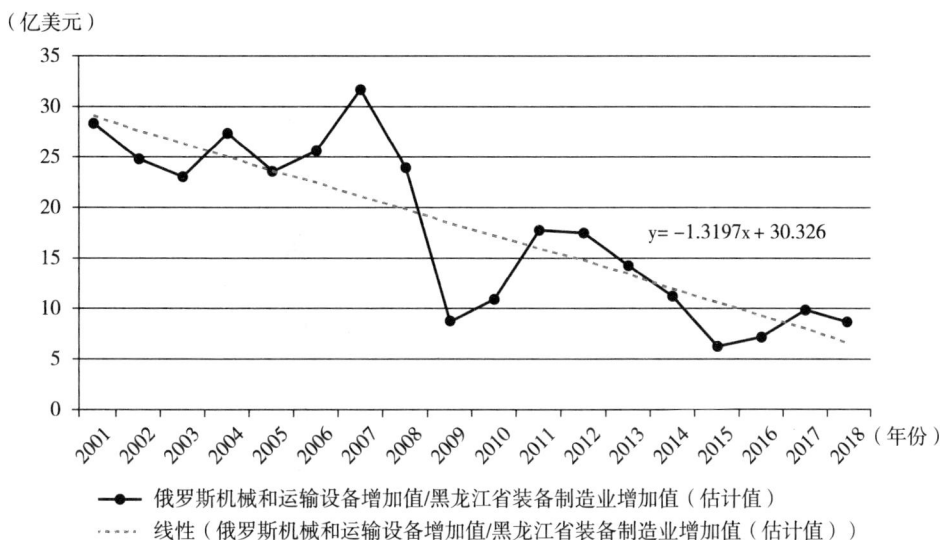

$y= -1.3197x + 30.326$

—●— 俄罗斯机械和运输设备增加值/黑龙江省装备制造业增加值（估计值）

‥‥‥ 线性（俄罗斯机械和运输设备增加值/黑龙江省装备制造业增加值（估计值））

图 5-4　俄罗斯机械和运输设备业增加值/黑龙江省机械和运输设备业增加值

如图 5-5 所示，从结构上看，双方装备制造业占制造业的比重差距在 2001~2005 年逐渐缩小，2005~2018 年俄罗斯此比值稳定在 10% 附近，同期黑龙江省此比值则围绕 10% 上下波动。

综上，笔者在样本数据期间内对比了俄罗斯和黑龙江省制造业增加值和装备制造业增加值的规模及其双方差距的变化趋势。横向比较，黑龙江省制造业和装备制造业增加值相对于俄罗斯同指标的增加值差距较大但增速较快。其中，黑龙江省装备制造业增加值在样本期间内增长到 47.76 倍、同期俄罗斯机械和运输设备增加值仅增长到 14.51 倍。纵向比较，俄罗斯机械和运输设备增加值增速略低于其制造业增加值的增长倍数，为 25.59 倍，而黑龙江省制造业增加值的增长倍数为 39.59 倍，低于装备制造业增加值的增长倍数。

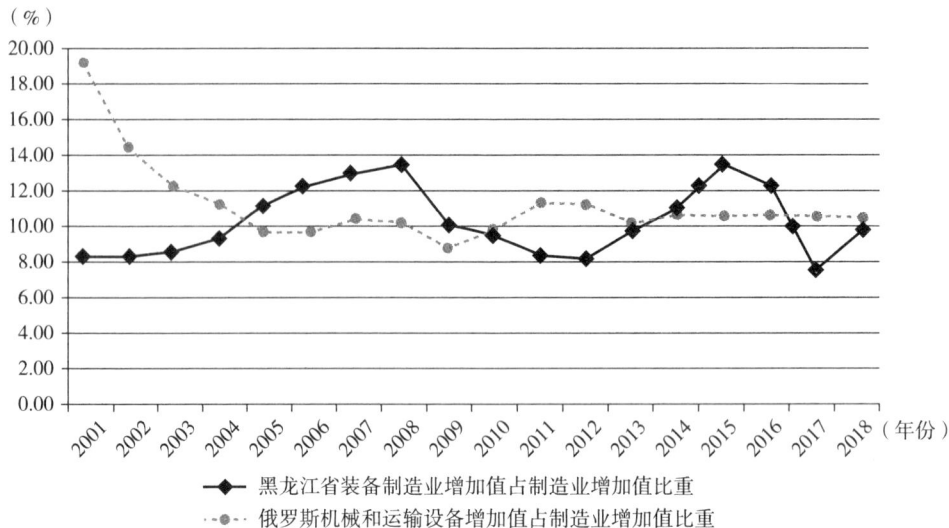

图 5-5　俄罗斯和黑龙江省装备制造业占制造业增加值比重

二、装备制造业进出口规模比较

图 5-6 展示了 2001~2018 年俄罗斯机械和运输设备业（以下简称装备制造业）进出口额的基本情况，以俄罗斯 2000 年 GDP 不变价为基准。2001~2013年，俄罗斯装备制造业进出口规模总体呈上升趋势，仅在 2009 年和 2010 年进出口额规模有所下降。2014~2016 年进出口额规模再次下降，随后 2017 年和 2018年进出口额规模再次短暂提高。自 2004 开始，俄罗斯装备制造业进口额快速增长，增长速度远快于同期出口额增长。因此，俄罗斯在"去工业化"的过程中，装备制造业对外依赖的程度较大。

图 5-7 展示了 2001~2018 年黑龙江省装备制造业进出口额的基本情况，同样以黑龙江省 2000 年 GDP 不变价为基准。2001~2014 年，黑龙江省装备制造业进出口规模基本呈上升趋势，其中仅 2009 年进出口额规模有少许下降，并于 2014 年达到 366.6 亿美元的峰值，而 2015~2018 年进出口额规模则呈倒"N"型，与俄罗斯装备制造业进出口额变化情况相反。自 2006 年开始，黑龙江省装备制造业出口额增长速度较快，快于同期进口额的增长，但是 2015~2018年进出口额之间的差额相对收窄，且进出口额总规模相对于 2013 年和 2014 年也有所下降。

（亿美元）

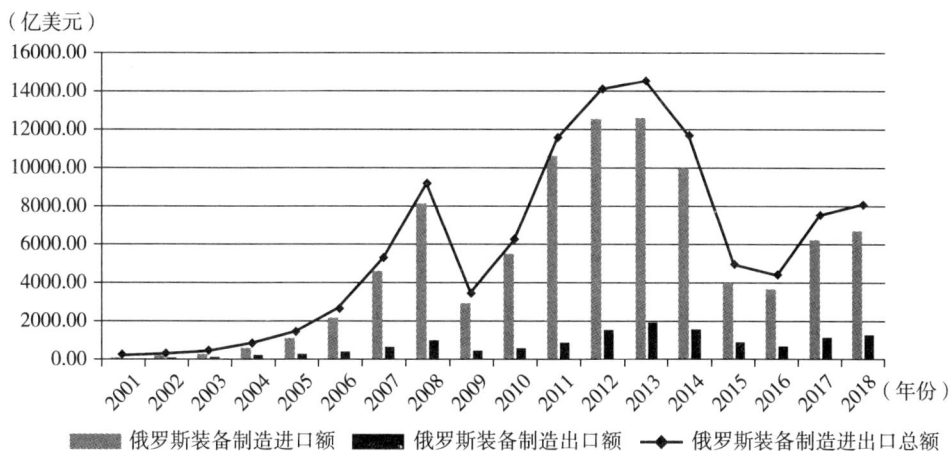

图5-6　俄罗斯机械和运输设备业进出口额

（百万美元）

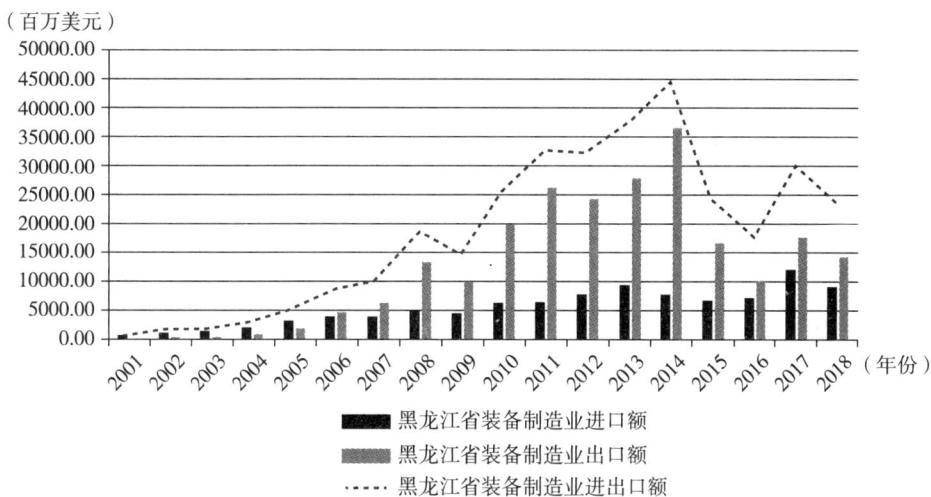

图5-7　黑龙江省装备制造业进出口额

　　结合2001~2018年黑龙江省对俄进出口贸易情况可以发现（见图5-8），历年黑龙江省对俄罗斯贸易进口总额大于出口总额，其中2001~2008年，黑龙江省对俄贸易总额逐年上升，2009~2018年，黑龙江省对俄贸易进出口总额走势呈"N"字型，且2016~2018年，黑龙江省对俄贸易逆差逐渐扩大，存在一定的上升趋势。从总体看，黑龙江省对俄贸易长期处于逆差，而黑龙江省装备制造业进出口贸易则长期处于顺差，扩大黑龙江省装备制造业出口对促进黑龙江省对俄贸易收支平衡具有一定的积极意义。

（百万美元）

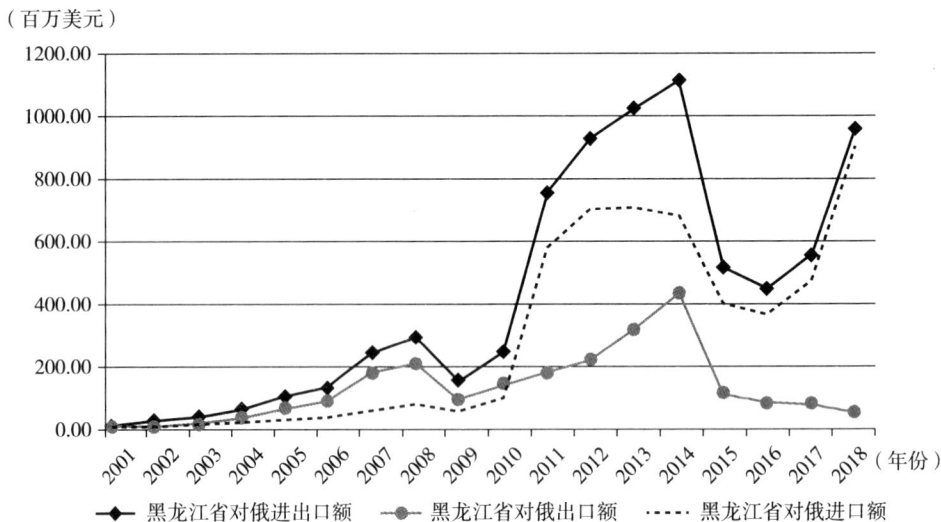

图 5-8　2001~2018 年黑龙江省对俄罗斯进出口额

三、装备制造业细分行业贸易竞争力及贸易结构比较

为比较黑龙江省和俄罗斯装备制造业细分行业的出口优势情况，本书引进贸易竞争力指数——$TCI_i = \dfrac{EX_i - IM_i}{EX_i + IM}$，其中，$EX_i$ 表示 i 行业的出口额，IM_i 表示 i 行业的进口额，该指数由 Grubel 和 Lloyd（1975）提出，并由 Krugman 在理论上证明了该指数的正确性。贸易竞争力指数主要反映国际分工水平，也称"水平分工度指标"，该指标的取值范围为（-1, 1）。

$$TCI_i \in \begin{cases} (-1, -0.7), & \text{高度劣势} \\ [-0.7, -0.3), & \text{中度劣势} \\ [-0.3, 0), & \text{低度劣势} \\ 0, & \text{与国际竞争力持平} \\ (0, 0.3], & \text{低度优势} \\ (0.3, 0.7], & \text{中度优势} \\ (0.7, 1), & \text{高度优势} \end{cases}$$

另外，该指标作为与贸易总额的相对值，剔除了经济膨胀、通货膨胀等宏观因素方面波动的影响，因此，本小节直接对贸易数据进行测算，不单独做平减处理。

表 5-2 反映了 2007~2018 年黑龙江省装备制造业及其子行业的 TCI 均值、涨幅及方差情况。从总体看，黑龙江省装备制造业在样本期间内的 TCI 均值为 0.40、标准差为 0.17、涨幅为-4%。这说明黑龙江省装备制造业整体贸易竞争力较强，且表现相对稳定。在细分行业中，金属制品、电气机械及器材制造业和交通运输行业贸易竞争力超过制造业整体贸易竞争力。通信电子、仪器办公贸易竞争力相对占有比较优势，整体呈下降趋势且波动较大。专用设备和通用设备贸易竞争力表现最差，均值分别为-0.70 和-0.77。

表 5-2　2007~2018 年黑龙江省装备制造业及其子行业 TCI 总体情况

序号	行业	均值	涨幅	标准差
1	装备制造业	0.40	-0.04	0.17
2	金属制品	0.87	4.02	0.23
3	电气器材	0.46	0.03	0.15
4	交通运输	0.43	1.68	0.39
5	装备制造	0.40	-0.04	0.17
6	通信电子	0.32	-1.66	0.48
7	仪器办公	0.27	-2.24	0.50
8	专用设备	-0.70	-0.10	0.18
9	通用设备	-0.77	0.10	0.14

图 5-9 反映了 2007~2018 年黑龙江省装备制造业及其子行业的 TCI 走势。首先是专用设备和通用设备行业，从图 5-9 中可以看出，这两项制造业的 TCI 指数在样本期间内均低于 0，甚至在大多数年份中低于-0.5。其中，通用设备贸易竞争力最低、专用设备类次之，在 2017 年和 2018 年，通用设备和专用设备的 TCI 指数接近-1，说明黑龙江省通用设备和专用设备贸易竞争力处于高度的劣势地位。其次，仪器办公和通信电子行业从整体看，2007~2014 年两者的 TCI 指数基本围绕着 0.5 附近波动，体现了较强的贸易竞争力，但是 2015~2018 年，通信电子行业的 TCI 指数先升后降，最后小幅度反弹。仪器办公行业的 TCI 指数持续下降，并在 2018 年有小幅上升，两者在 2018 年的 TCI 指数均在-0.5 附近，说明

黑龙江省仪器办公设备和通信电子设备贸易竞争力处于相对劣势地位。再次，金属制品业、电气机械及器材制造业和交通运输业在样本期间内的 TCI 指数均在 0 以上，金属制品业在 2007 年的 TCI 指数只有 0.2，随后两年不断提升，在 2009~2018 年，其 TCI 指数稳定在 1 附近，展现了 7 大装备制造业中最强的贸易竞争力。电气机械及器材制造业的 TCI 指数在样本期间内走势较为平稳，围绕着均值 0.46 向上或向下波动，但其幅度较小，体现了良好且稳定的贸易竞争力。交通运输业的 TCI 指数在 2007~2011 年从 -0.22 增长到 0.94，但是 2012~2018 年此指数又从 0.92 降到 0.15，总体来说，黑龙江省交通运输业的贸易竞争力体现了先增后降的趋势，根据 2018 年的最新数据，黑龙江省在交通运输设备制造业方面仍具备少许的贸易竞争力优势。最后，黑龙江省装备制造业的 TCI 指数表现相对稳定，标准差为 0.17，均值为 0.4，说明在样本期间内黑龙江省装备制造业呈现中度的贸易竞争力优势。

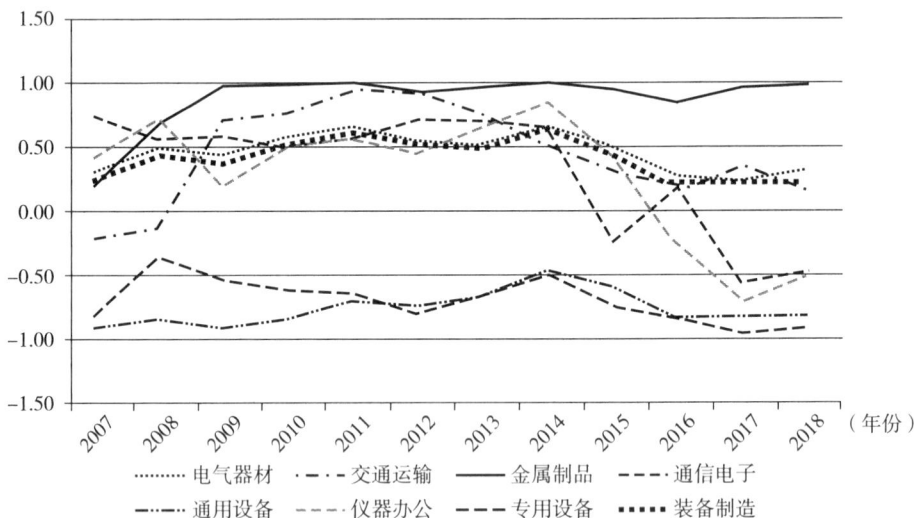

图 5-9　2007~2018 年黑龙江省装备制造业及其子行业 TCI 走势

如图 5-10 所示，选取黑龙江省 2018 年 7 大装备制造业进出口总额情况绘制成饼图。从图 5-10 中可知，电气机械及器材制造业和交通运输行业进出口贸易总额达到装备制造业的 92%，占据了黑龙江省装备制造业进出口总额的绝大部分。

表 5-3 反映了 2007~2018 年俄罗斯装备制造业及其子行业 TCI 均值、涨幅及方差情况。在样本期间内，俄罗斯装备制造业 TCI 均值为 -0.72、标准差为 0.1、涨幅为 10%，这说明俄罗斯装备制造业整体贸易竞争力长期处于劣势地位。

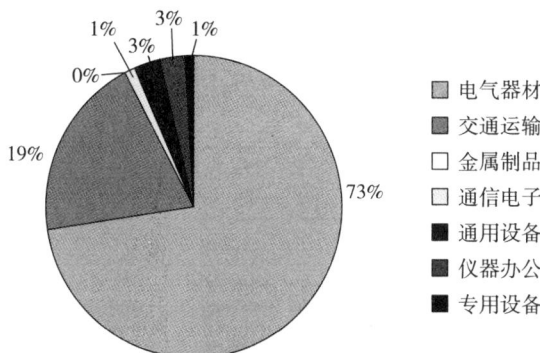

图 5-10　2018 年黑龙江省 7 大装备制造业进出口额比例

在细分行业中，仅电气机械及器材制造业贸易竞争力处于中度劣势，其他 6 大行业均处于高度劣势地位，其中，金属制品业劣势最为严重。总体看，7 大细分行业趋势变化程度较低，多数行业的 TCI 指数在低位运行。

表 5-3　2007~2018 年俄罗斯装备制造业及其子行业 TCI 总体情况

序号	行业	均值	涨幅	标准方差
1	装备制造业	-0.72	0.10	0.10
2	电气器材	-0.53	0.07	0.07
3	交通运输	-0.72	0.15	0.10
4	装备制造	-0.73	0.10	0.06
5	通用设备	-0.80	0.03	0.05
6	通信电子	-0.81	0.11	0.06
7	专用设备	-0.84	0.02	0.04
8	仪器办公	-0.87	0.01	0.13
9	金属制品	-0.89	-0.06	0.02

图 5-11 是 2007~2018 年俄罗斯装备制造业及其子行业 TCI 走势图。由图 5-11 中可知，样本期间内，在俄罗斯 7 大装备制造业中仅电气机械及器材制造业的贸易竞争力维持在中度劣势水平，而其他 6 大行业贸易竞争力基本都在高度劣势区间内运行，其中，仪器办公行业的 TCI 值在 2014 年和 2015 年有一定的改善，从高度劣势提升为中度劣势，但 2016~2018 年迅速回落至高度劣势水平，且处于 7

大行业中的最低位置。除此之外，自 2015 年开始，俄罗斯交通运输业的 TCI 指数从高度劣势区改善至中度劣势区，但 2015~2018 年，TCI 指数逐步下跌并存在重新返回高度劣势区的趋势。

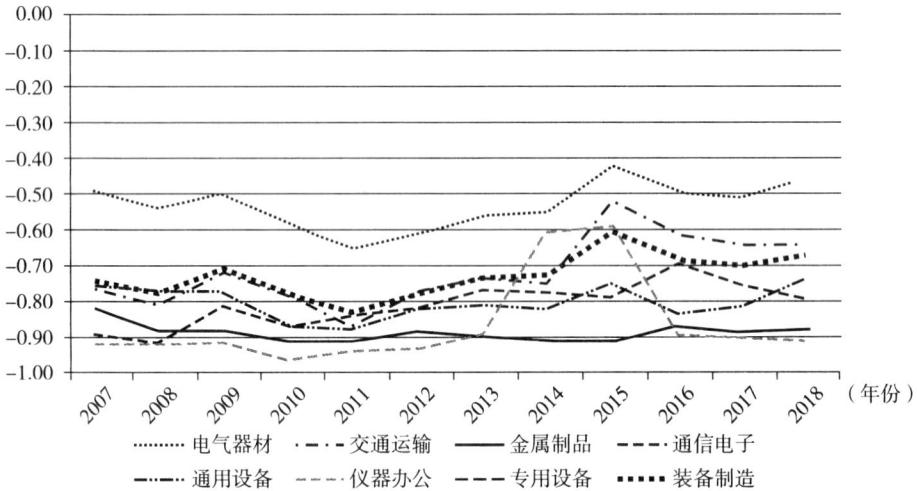

图 5-11　2007~2018 年俄罗斯装备制造业及其子行业 TCI 走势

如图 5-12 所示，取 2018 年俄罗斯 7 大装备制造业进出口总额情况绘制成饼图。与黑龙江省相似，电气机械及器材制造业和交通运输业进出口贸易总额的规模领先于其他行业，达到装备制造业总规模的 54%。从分布上看，俄罗斯 7 大装备制造业进出口规模较黑龙江省更加平均一些。

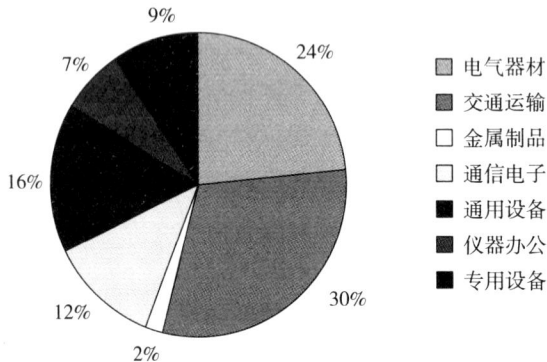

图 5-12　2018 年俄罗斯 7 大装备制造业进出口额比例

本小节从增加值规模及结构、进出口规模、细分行业贸易竞争力及结构3个角度，对黑龙江省和俄罗斯装备制造业的基本情况进行比较。总的来看，具有以下特征：①黑龙江省制造业增加值与俄罗斯之间存在较大的规模差距，但是黑龙江省装备制造业的发展速度较俄罗斯更快；②当前，黑龙江省对俄罗斯贸易呈现较高的逆差，其中，黑龙江装备制造业对外贸易呈现一定的顺差，发展黑龙江省装备制造业对促进黑龙江省对俄贸易国际收支平衡具有积极意义；③当前，俄罗斯装备制造业在贸易竞争力方面处于明显的弱势地位，电气机械及器材制造业和交通运输设备制造业对外需求较高，而黑龙江省电气机械及器材制造业和交通运输对外贸易竞争力较强，出口规模较大。综上所述，黑龙江省和俄罗斯之间进行产业合作具备较强的现实基础，且重点在电气机械及器材制造业和交通运输设备制造业。

第二节　基于全球价值链理论的黑龙江省与俄罗斯装备制造产业价值链定位方法

一、黑龙江省与俄罗斯装备制造业产业链的定位标准

本节基于全球价值链理论，对黑龙江省及俄罗斯装备制造业产业链进行定位。参考裴学亮（2017）的研究方法，对产业链环节和产业链价值进行分析，引入加工贸易增加值率反映装备制造业在全球产业价值链上的位势。

这一指标有两大优势：一是加工贸易增加值率可以反映装备制造业细分行业在全球价值链上的位置和层次，即加工贸易增加值率的数值反映了对应行业的产业链长度，即产业价值链的静态特征；二是加工贸易增加值率的趋势可以反映对应产业链条的变化，如产业价值提升、产业链延长等产业价值链的动态特征。因此，本节引入加工贸易增加值率对黑龙江省和俄罗斯产业价值链位势进行测度，考察角度为7大装备制造业贸易增加值率的数值变化和时间趋势变化。其中，加工贸易增值率计算如式（5-1）所示：

$$V_{i,y} = \frac{E_{i,t} - I_{i,t}}{I_{i,t}} \qquad (5-1)$$

其中，$V_{i,t}$ 表示加工贸易增加值率，$E_{i,t}$ 表示加工贸易产业出口额，$I_{i,t}$ 表示加工贸易产业进口额，i 表示加工贸易产业种类，t 表示所属年份。

二、黑龙江省与俄罗斯装备制造业价值链的定位方法

本节根据前部分的研究框架，从全球价值链特征刻画和产业价值链位势比较两个方面确定黑龙江省与俄罗斯装备制造产业价值链的定位方法。首先，在全球产业链视角下对黑龙江省和俄罗斯 7 大装备制造业价值链的统计特征进行刻画需要从两个维度着手，即定位 7 大装备制造业产业环节的统计特征和对应产业的价值统计特征。其目的是为产业合作模式定位提供依据。因此，本节通过对双方 7 大装备制造业在 2007~2018 年的进出口贸易数据进行测算，求出对应的加工贸易增加值率，从而双方得到过去一段时间的产业价值特征。

其次，确定黑龙江省和俄罗斯 7 大装备制造业产业价值链位势的比较方法。进行具体的比较之前，先要对黑龙江省和俄罗斯 7 大装备制造业的价值链特征做统计检验，即查看两组数据之间的均值匹配程度。而比较内容则围绕加工贸易增加值结果的大小和趋势方向进行进一步的分析。

基于全球价值链理论选择黑龙江省和俄罗斯装备制造业之间的产业合作模式，需要根据双方 7 大装备制造业的产业价值链位势比较结果进行选择，通过逐一匹配的方式，就可以找到双方装备制造业的细分行业通过何种方式进行产业合作。本节通过两个维度进行比较，即加工贸易增加值的大小和趋势。具体而言，前者反映了位势的高低，具体存在 3 种情况：①黑龙江省某装备制造业位势高于俄罗斯同产业价值链位势；②黑龙江省某装备制造业位势与俄罗斯同产业价值链位势不存在明显差别；③黑龙江省某装备制造业位势明显低于俄罗斯同产业价值链位势。最后一种情况同样存在三种情况：①黑龙江省某装备制造业位势增速明显快于俄罗斯同产业价值链位势增速；②黑龙江省某装备制造业位势增速与俄罗斯同产业价值链位势增速基本一致；③黑龙江省某装备制造业位势增速明显低于俄罗斯同产业价值链位势增速。而产业合作模型主要有 3 种，即产业协同、产业转移和产业升级。结合全球价值链理论，产业合作模式还存在着不同的关系，即垂直纵向关系和水平横向关系。综上，参照裴学亮（2017）的分类，对产业合作模式的整理如图 5-13 所示。

可供选择产业层面的产业合作模式如表 5-4 所示。

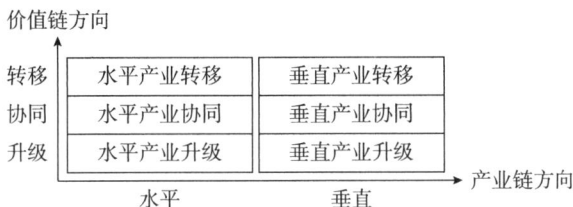

图 5-13　产业层次上的产业合作模式分类

表 5-4　产业层次上的产业合作模式分类

序号	产业价值链位势比较组合	产业合作模式匹配
1	位势高、增长快	垂直产业转移
2	位势高、增长无显著差异	垂直产业协同、垂直产业转移
3	位势高、增长慢	垂直产业转移、垂直产业协同
4	位势无显著差异、增长快	水平产业协同、水平产业升级
5	位势与增长均无显著差异	水平产业协同、水平产业升级
6	位势无显著差异、增长慢	水平产业协同、水平产业升级
7	位势低、增长快	垂直产业升级、水平产业协同
8	位势低、增长无显著差异	垂直产业升级、水平产业升级
9	位势低、增长慢	垂直产业升级、水平产业升级

第三节　黑龙江省与俄罗斯装备制造业产业链价值位势定位与产业合作模式的选择

一、黑龙江省与俄罗斯装备制造业产业价值链位势比较

本节数据来源与上节相同，以当地 2000 年 GDP 不变价对历年装备制造业细分行业进出口贸易数据做平减处理，通过计算得到 2008～2018 年黑龙江省、俄罗斯 7 大装备制造业加工贸易增加值率。

（1）电气机械及器材制造业。

如图 5-14 所示，可以清晰地看到黑龙江省电气机械及器材制造业加工贸易增加值率在样本期间内均大于 0。具体来说，2007～2011 年基本呈上升趋势。2011～2018 年整体呈下降趋势，除在 2014 年存在一定的反弹，随后增加值率趋势又降了下来，2018 年相对 2017 年小幅度回暖，但是提高不大。而俄罗斯电气机械及器材制造业加工贸易增加值率趋势线在样本期间内基本呈低水平状态且低于 0，样本考察期内加工贸易增加值率为-4～-3。

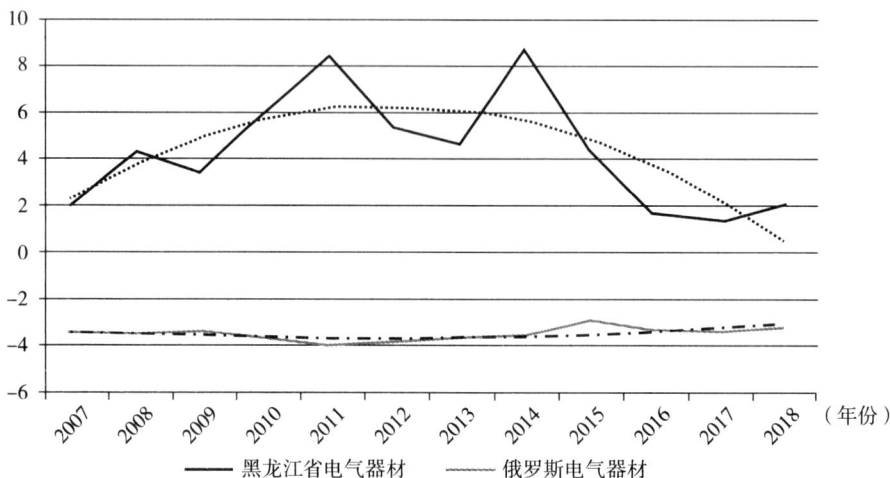

图 5-14　黑龙江省、俄罗斯电气机械及器材制造业加工贸易增加值率

（2）交通运输设备制造业。

如图 5-15 所示，黑龙江省交通运输设备制造业加工贸易增加值率可分为三个阶段：2007～2008 年，加工贸易增加值率趋势稳定在 0 附近。2009～2011 年，黑龙江省交通运输设备制造业加工贸易增加值率迅速提升至 70 以上。2012～2018 年，加工贸易增加值率趋势整体呈下降趋势，再一次稳定在 0 附近。而俄罗斯交通运输设备制造业则无明显趋势变化，且在样本期间内低于黑龙江省。

（3）金属制品制造业。

如图 5-16 所示，双方金属制品加工贸易增加值率在 2010 年、2011 年、2014 年差距悬殊，这是因为黑龙江省基础金属制品制造业基本自给自足，个别年份出口量有较大增幅时，其进口额相对出口额可忽略不计，此时趋势线能很好地反映走势，因而此处不再列出。另外，样本期间的俄罗斯地区，其金属制造业加工贸易增加值率相对于黑龙江省近似为一条直线。从整体看，黑龙江省金属制造业加工贸易增加值率高于俄罗斯，并在 2016～2018 年存在差距扩大的趋势。

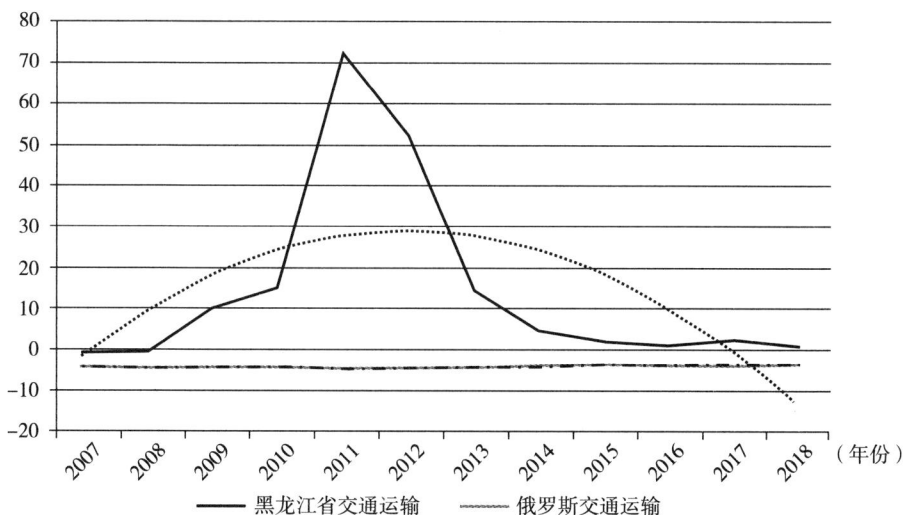

图 5-15 黑龙江省、俄罗斯交通运输设备制造业加工贸易增加值率

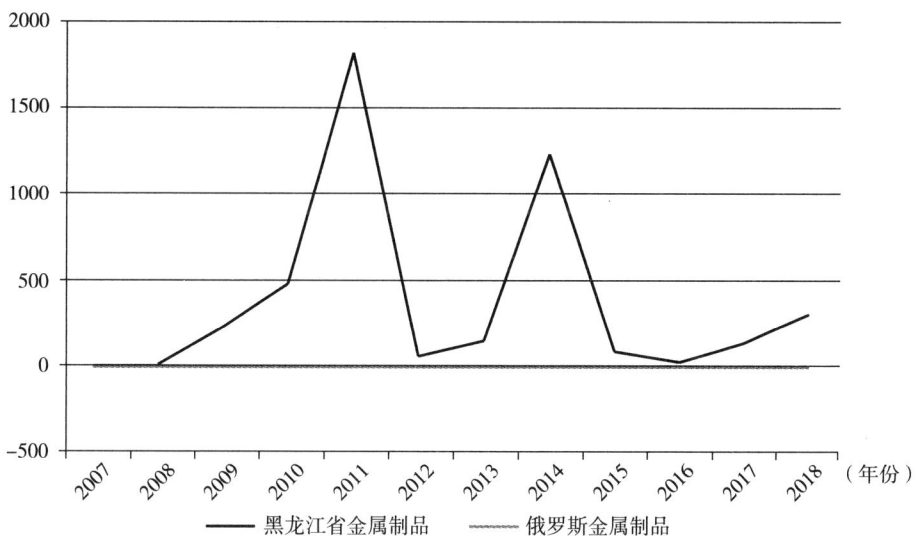

图 5-16 黑龙江省、俄罗斯金属制品制造业加工贸易增加值率

（4）通信设备、计算机及其他电子设备制造业。

黑龙江省通信设备、计算机及其他电子设备制造业加工贸易增加值率在 2007～2015 年整体走势呈倒 "N" 型，其中，2015 年此加工贸易增加值率首次低于 0，虽然 2016 年出现了少许反弹，但 2017 年、2018 年均低于 0。即便如此，此指数仍然高于俄罗斯。2007～2018 年，俄罗斯通信设备、计算机及其他电子设备制造业加工贸易增加值率仅存在小幅度上涨，具体如图 5-17 所示。

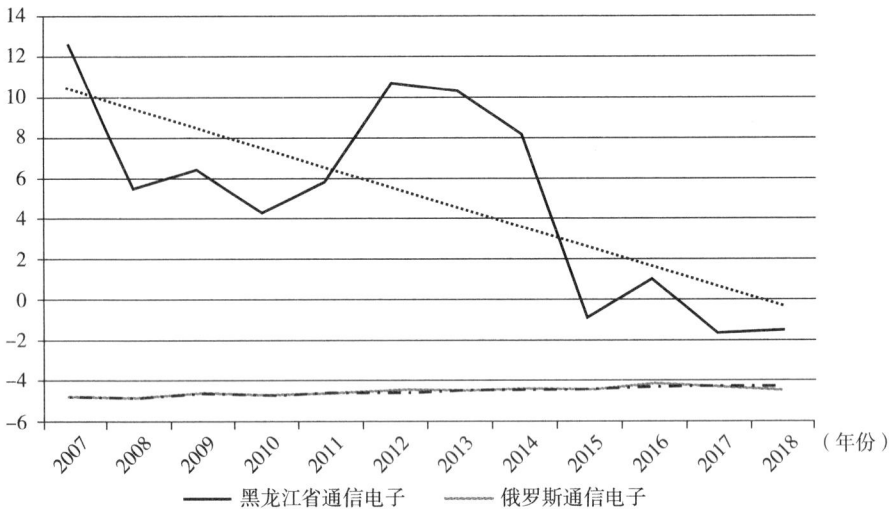

图 5-17　黑龙江省、俄罗斯通信设备、计算机及其他电子设备制造业加工贸易增加值率

（5）通用设备制造业。

在样本期间内，黑龙江省和俄罗斯的通用设备制造业加工贸易增加值率均小于 0。双方增加值率趋势较为平稳，黑龙江省通用设备制造业历年加工贸易增加值率在-2 上下波动，略高于俄罗斯的-4.5，具体如图 5-18 所示。

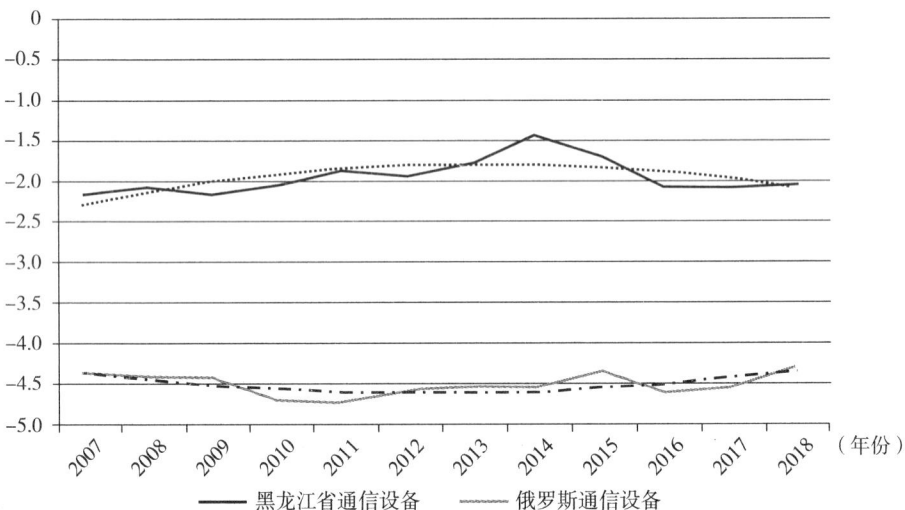

图 5-18　黑龙江省、俄罗斯通用设备制造业加工贸易增加值率

（6）仪器仪表及文化、办公用机械制造业。

从图 5-19 中可以看出，黑龙江省在仪器办公设备制造业上的加工贸易增加值率高于同期的俄罗斯，2014 年，黑龙江省此增加值率大幅度提高，随后回落。2015~2018 年逐步降低，且从 2016 年开始低于 0。俄罗斯方面，其仪器仪表及文化、办公用机械制造业趋势较为平稳，围绕着-5 运行。

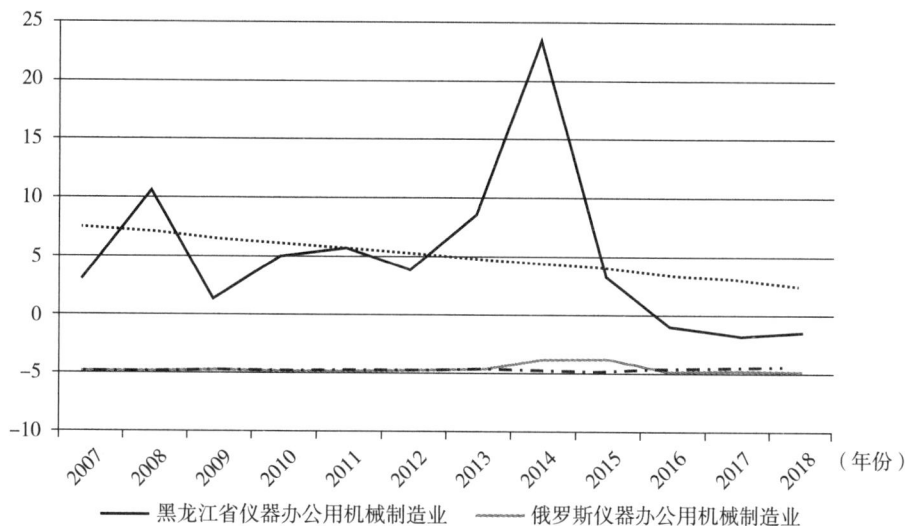

图 5-19　黑龙江省、俄罗斯仪器仪表及文化、办公用机械制造业增加值率

（7）专用设备制造业。

黑龙江省专用设备制造业加工贸易增加值率在 2007~2018 年呈现小幅度下跌的趋势，整体增加值率小于 0，高于俄罗斯同期水平。双方专用设备制造业加工贸易增加值率呈平稳趋势，如图 5-20 所示。

综上可以发现，黑龙江省 7 大装备制造业加工贸易增加值率位势情况存在较大差别。在样本考察期内，俄罗斯不同装备制造业细分行业产业价值链位势水平基本保持一致，波动较小。但是黑龙江省各装备制造业之间的位势差异较大，波动较大。由于俄罗斯装备制造业体量较高，各装备制造业产业价值链位势基本稳定，提升空间有限。而黑龙江省不同细分行业位势高低不同，体量较小，成长空间巨大，且与俄罗斯各个装备制造业之间存在比较优势。

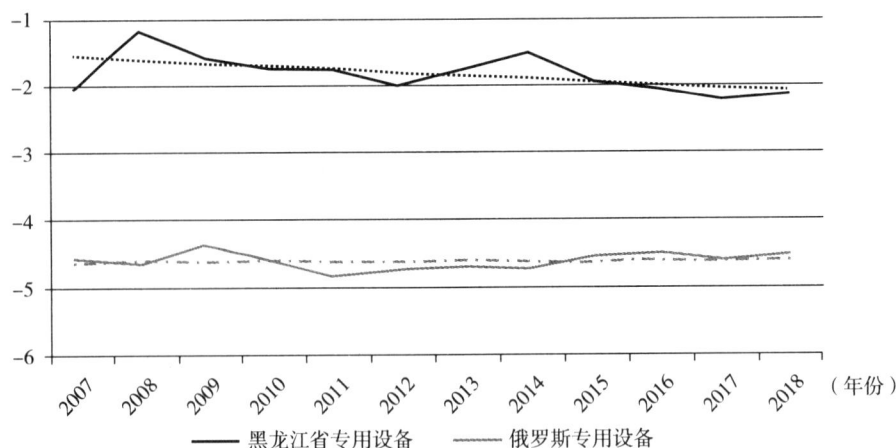

图 5-20　黑龙江省、俄罗斯专用设备制造业增加值率

二、黑龙江省与俄罗斯装备制造业产业合作模式选择

　　根据上节黑龙江省和俄罗斯 7 大装备制造业产业价值链位势比较结果，并结合全球价值链视角下产业合作模式选择，笔者进行了进一步整理。通过双方样本期间加工贸易增加值率的均值反映所在行业的产业价值链位势。同时，计算双方近三年加工贸易增加值率的涨幅，求其差值反映样本期间最新的产业价值链位势增速情况，当差取值为（-10%，10%）时，说明双方产业价值链位势增速无明显区别，大于 10% 说明产业价值链位势增速加快，小于-10% 说明产业价值链位势增速较慢，具体结果如表 5-5 所示。

表 5-5　产业层次上的产业合作模式分类

装备制造业细分行业	产业价值链位势比较	产业价值链位势增速	产业合作模式选择
电气器材	高（4.4>-3.5）	快（28.18%）	垂直产业转移
交通运输	高（14.37>-4.21）	不明显（-9.72%）	垂直产业协同和垂直产业转移
金属制品	高（376.23>-4.75）	快（1154.25%）	垂直产业转移
通信电子	高（5.09>-4.52）	慢（-248.96%）	垂直产业转移和垂直产业协同
通用设备	高（-1.94>-4.5）	不明显（5.39%）	垂直产业协同和垂直产业转移
仪器办公	高（4.94>-4.67）	快（54.94%）	垂直产业转移
专用设备	高（-1.83>-4.61）	不明显（3.71%）	垂直产业协同和垂直产业转移

根据黑龙江省与俄罗斯7大装备制造业产业价值链位势比较结果，黑龙江省对俄产业合作模式可以采用以下3种模式：①垂直产业转移合作模式，具体包括电气机械及器材制造业、金属制品制造业和仪器仪表及文化、办公用机械制造业；②垂直产业协同和垂直产业转移合作模式，具体包括交通运输设备制造业、通用设备制造业和专业设备制造业；③垂直产业转移和垂直产业协同合作模式，采用此合作模式的是通信设备、计算机及其他电子设备制造业。

三、结果与讨论

黑龙江省装备制造业对俄产业合作是中国对外经济合作的重要组成部分，产业合作模式的选择对区域经济合作的成功与否至关重要。本节基于全球价值链理论，首先对黑龙江省和俄罗斯装备制造业细分行业的基本情况进行对比分析；其次对各自细分行业产业价值链位势进行比较；最后选择各个细分行业之间的产业合作模式，即运用贸易竞争力指数和产业价值链位势比较等方法，深入挖掘双方装备制造业细分行业的产值、结构、增长速度、贸易竞争力和产业价值链信息，选择各自细分行业基于全球价值链理论的产业合作模式。

本节基于全球价值链理论，以黑龙江省、俄罗斯装备制造业产业合作为研究对象，对黑龙江省装备制造业对俄产业合作模式选择进行研究。本节收集整理了双方2001~2018年装备制造业产值及出口贸易的统计数据，通过分析得出以下结论：①黑龙江省对俄装备制造业产业合作的重点在电气机械及器材制造业和交通运输设备制造业；②电气机械及器材制造业采用垂直产业转移合作模式；③交通运输设备制造业采用垂直产业协同和产业转移合作模式。

同时，在对黑龙江省对俄装备制造业产业合作模式进行选择时，需要关注以下几点：①产业合作有重点。当前，黑龙江省装备制造业以电气机械及器材制造业为支柱产业，在装备制造业区域产业合作中起主导作用。②产业合作需人才。黑龙江省对俄产业合作需要提高双方的协作以及沟通效率，引入高级产业技术人才和销售人才是提高双方产业合作绩效的关键。③产业合作政府帮扶。装备制造业固定投资量大，回报周期较长，无法单独依靠市场的力量推进或改善，而政府在制定产业扶持政策、人才引进和基础设施改善方面可以发挥重要作用，有利于黑龙江省对俄装备制造业产业合作的信心提振，为双方产业合作保驾护航。

本节讨论了黑龙江省对俄产业合作模式选择的过程，为双方装备制造产业道路选择提供了依据。然而本节分析具有一定的局限性：①本书基于历史信息对双方装备制造业产值和进出口数据进行比较分析，容易忽略一定的影响因素，例如，双方装备制造业技术发展水平、装备制造业基础设施建设条件、中间产品价值、国外附加值和制度因素等，而影响双方产业合作模式选择的因素绝不仅限于上述因素。在全球价值链视角下的产业合作模式选择还需要进一步讨论。②本节讨论的产业合作是基于宏观、中观视角，而未考虑企业、产品和市场等因素的制约，未来的研究可以结合全球价值链理论，将双方装备制造业产业合作模式选择的研究拓宽到微观领域。

第六章 全球价值链视角下产业合作模式实施研究

装备制造业是为我国国民经济发展所提供各种装备的各类制造业的总称，它为我国各行各业的生产发展奠定了工业基础，没有装备制造业的蓬勃发展，我们国家其他各部门的生产发展就会受到工业技术的制约，其他行业就不能顺利发展，因此，装备制造业在我国实体经济发展中有着举足轻重的地位，承担着我国各行各业正常发展运作的重要责任，也是支撑起一个国家综合实力的重要基石。中国制造就是中国能力，制造能力体现了一个国家的综合实力，是我国工业的重要组成部分，也是发展高科技技术的基石，像21世纪诞生的5G技术、无人驾驶技术、智能机器人都是从装备制造业产生的，国产大飞机，国产航母，都是我国强大的装备制造能力的体现。装备制造业有无数细分领域，虽然我国取得了较为显著的进步和发展，但是在有些领域，还有待于追赶其他国家。

与此同时，随着全球一体化的浪潮，各国工业合作也变得尤为紧密，全球价值链理论逐渐兴起，被人们所接受。基于全球价值链理论，黑龙江省同俄罗斯装备制造业发展合作具有广大前景。与俄罗斯装备制造业方面进行合作，不仅是两国的期待，也是历史走向的必然。黑龙江省是我国较早的工业基地之一，具有完整的装备制造业生产体系，完善的上下游产业链条，工业生产能力较强，装备生产质量较好，这就为黑龙江省装备制造业的转型升级奠定了基础。同时，东北老工业基地的振兴离不开装备制造业的发展，大力发展装备制造业也能帮助黑龙江省突破经济发展的天花板，同时也是黑龙江省经济可持续发展的重要方面。黑龙江省装备制造业虽然在我国工业领域已经发展得小有成就，但还存在一些问题，针对这些问题，本章将从宏观、中观、微观三个层面提出与之对应的解决方法、措施和建议，充分发挥黑龙江省老工业基地装备制造业的生产潜能，优化产业、产品，使经济迈向高质量发展，进一步加强与俄罗斯装备制造业的合作。

第一节　宏观方面

本节从宏观层面探究，黑龙江省同俄罗斯装备制造业发展的一些建议和措施，如提升财政政策的扶持力度，以及政府、高校、研究机构在这个环境下应做出的努力。

一、实施战略合作，建立信任机制

中国工业开始进行调整，在技术和结构方面大力投入科学技术研发资金，一些装备制造业区域内的产品在技术上实现了突破，但是由于某些领域的核心技术已经被发达国家垄断，致使我国在装备制造业整体水平上和发达国家相比略低一筹。黑龙江省重工业基地发展较早，是国家早期建设的重点区域，直到今天，黑龙江省装备制造业已经成为黑龙江省最重要的支柱性产业之一，并且建成了很多技术园区，各种工业基地产业链完整且丰富。但是黑龙江省装备制造业产品偏向低端，其生产的产品不具备技术含量，提升黑龙江省装备制造业的技术水平成为行业发展的首要任务。黑龙江省作为中国与俄罗斯装备制造业协同发展的窗口，必须要将同俄罗斯的装备制造业合作策略提升到战略高度，长远规划装备制造业未来的发展利益是两国共同的诉求，在这种战略高度下，黑龙江省政府应给予装备制造业提升自我的一些激励措施（包括财政、科研等方面的扶持），促进黑龙江省装备制造业与俄罗斯的合作与发展。

装备制造业是一个国家的战略性产业，是国家的脊梁，因此，在这种产业上与其他国家进行合作升级，就要相互建立高级的信任机制。信任机制是两国产业协同高效发展的保障，是充分交流技术经验的前提，这种信任机制为两国产业更高层次的合作发展奠定了基础。在战略上达成协议，在政治上相互信任，才能通过一系列学术交流会、人才交换项目为两国的产业合作、升级带来机遇。因此，两国应当把这次合作上升到战略高度，建立高级的信任机制，为中俄产业互动、合作提供良好的氛围和环境。

二、政府财税政策的支持

一方面，政府可以通过补贴或减免税收等政策来降低装备制造企业生产、研发中的成本，用以提升我国装备制造产品的价格竞争力，有利于企业占领更多的市场份额；另一方面，省政府要增加对装备制造业投入的科研经费。无论什么行业，没有创新就不能有发展，更不可能有未来，更何况是装备制造这种产业，市场需求量大，产品迭代速度快，没有较高的研发费用投入，怎么能有引领市场的高端技术？怎么能有更高标准、更精雕细琢的生产工艺？

因此，政府的资金支持就非常重要，并且黑龙江省装备制造业虽然丰富，但创新能力有待提高，政府可以提供一些财政金融策略支持，同时带动民间资本投入，为企业的腾飞添上双翼。首先，加大对装备制造业前沿技术研发的补贴。自主创新是黑龙江省装备制造业最为薄弱的环节，因此，我们要有针对性地把资金运用在刀刃上，通过给企业的研究院、科研院所、高校实验室进行补贴，加大对前沿技术的投资力度，早日实现技术突破，使具有我国自主创新的高技术水平产品落地，促进我国装备制造业的发展。其次，给予创新型企业一定的税收及贷款优惠。给予那些在技术研发上投资金额较大的企业一定的企业所得税减免优惠，增加这类企业的融资渠道，允许这类企业从我国大型国有银行获取低息贷款，给予充分的资金支持。最后，对于黑龙江省装备制造业生产的高端装备，政府可以采用承包购买的方式鼓励企业扩大生产，保证企业的产品销路，帮助企业进行良好的运转和资金周转，一步一步让企业生产的产品走向耐用、绿色、高技术水平的方向。

三、重点发展经济技术开发区

通过经济特区来促进黑龙江省装备制造业的发展，首先，经济技术开发区的优势在于经济特区一般建立在核心城市，这些城市具有良好的贸易环境、庞大的资金规模、有力的政策扶持。其次，经济技术开发区内企业众多，企业间相互合作成本低，效率高。最后，这些核心城市拥有发达的物流运输产业，方便企业对生产原料进行进口以及生产装备的运输，这些都为企业的运转提供了良好的基础设施和服务。并且，经济特区在进出口贸易方面有着不可比拟的政策优惠，降低了企业的经营成本。黑龙江省处于我国的边缘位置，与俄罗斯接壤，黑龙江省与俄罗斯有较多的通商口岸，并且，黑龙江省正处于我国"一带一路"倡议北线上，因此，黑龙江省应当充分利用自身的地缘优势，建设经济技术开发区，充分对外展开交流合作，借助"一带一路"和自身作为贸易经商口岸的位置，引导装备制造业"走出去"，扩大国际市场。

四、针对性发展高校的理工科专业，促进人才交流

任何行业的发展都离不开高尖端的人才，人才又来源于全国各大高校，因此，政府应当给黑龙江省各高校装备制造专业批复更多的科研经费，给理工科学生更多的优惠政策，鼓励大家积极报考理工科专业，培养一大批装备制造业高尖端人才，这是国内的措施，对于同俄罗斯的合作，我们要增加两国交换生项目，把我国学习成绩优良的学生派送到俄罗斯高校学习装备制造理论与技术，同时吸引俄罗斯优秀的教授到黑龙江省重点高校任职、讲课，促进两国专业技术的交流，使两国装备制造业协同高速发展。

五、政府积极改善营商环境

大力发展装备制造业的目的也是服务于我国经济社会各部门的发展，因此，积极改善装备制造业企业的营商环境也是非常重要的一点，这对于行业的发展具有重要意义。构建良好的营商环境，能够减轻企业建设、发展的阻力，使装备制造业企业如雨后春笋般蓬勃发展。装备制造业的发展也有利于通信、公路等方面的基础设施建设，同时，这些方面基础建设的完善更有助于企业之间的合作，降低交流合作成本以推动企业健康、快速发展，形成良性循环，因此，政府要增强服务意识，改善管理机制，增加政府工作的成效，解放企业的生产效率，增强产品的竞争力。

六、与俄国项目合作

黑龙江省政府应当与俄罗斯签订更多的制造业合作发展项目，有了项目便有了经济动力，便能刺激市场的活力，在"一带一路"倡议下，黑龙江省与俄罗斯有着非常多的发展交流机会，中国和俄罗斯都在朝着工业 4.0 的方向发展进步，同时基于全球价值链理论，中俄产业价值链错综复杂、密不可分，合作发展是必然方向，党中央和黑龙江省政府与俄罗斯远东地区积极开展装备制造业合作发展，有利于升级、发展黑龙江省工业基地的生产能力，提升我们所生产制造的

装备的市场竞争力和市场影响力，因此，政府有必要与俄罗斯远东地区加强装备制造业的项目合作，共同促进装备制造业的发展。促进建立定期联络机制联系黑龙江省与俄罗斯两地的职能部门，以研究、协调和及时执行高级别首脑会议上提出的问题，以便能够执行联络员实际操作的工作。促进区域城市之间的协调机制。研究、协调和及时部署与区域工业合作有关的方案、政策、倡议和问题，并在政府一级建立协调机制，在此过程中充分发挥积极作用，必须及时规划公司的区域组织、专业协会、工会省际行政区划和区域发展规划，规划区域工业发展共同的行业市场，探索区域市场一体化和区域产业资源等，建立社会互动机制。

第二节　中观方面

一、利用互联网来升级传统装备制造业

当今互联网发展迅速，互联网的发展给许多行业带来了新的发展机会，利用互联网来升级装备制造业不失为一条有效路径，就像"互联网+零售"成就了今天的淘宝，互联网与金融结合后，"Fintech"金融科技成为了时下热点，因此，黑龙江省应当努力寻求装备制造业与互联网完美结合的切入点，促进装备制造业产业升级。因此，无论什么产业都要适应时代而改变，这样才能不被淘汰。中国工业和信息化部正推动建设工业级互联网平台，这正是黑龙江省装备制造业再次快速发展的机遇，可以利用黑龙江省装备制造业生产的各种指标来调配各种人力、物力、财力资源，改善管理模式和发展方向，从而提高生产效率和生产质量，在全球价值链分工当中成为优势部分。

传统装备制造业企业与互联网的融合可以是全方位的、深层次的。如果可以，互联网应当贯穿于企业管理、财务、资源调配、技术研发、生产、销售、推广、售后的各环节。首先，在研发环节，黑龙江省装备制造业虽然产业规模较大，但研发一直都是企业发展的短板，是企业和政府应当重点发展和扶持的环节，因此，现在正好可以利用互联网来增强企业的研发能力，提高自主创造性。5G 的发展使社会万物互联成为可能，装备制造业企业应当抓住 5G 发展的新机遇，通过低延时网络来寻找新的增长点。同时，装备制造业企业可以和俄罗斯等

国家搭建网络合作平台，把国内外科研机构、高校实验室连接起来，利用网络低延时技术，实现共同攻克同一个技术难关以及相互交流有关理论、经验，共同推动装备制造业技术革新。其次，在生产领域，融入互联网技术可以加速信息传递。信息的传递速度对企业的管理至关重要，企业生产效率重在管理，而管理重在获取信息的速度以及数量，管理者需要不断地获取产业链上下游以及市场回馈的信息，来调整计划和产量。

当企业的层级越多，企业传递信息的速度就越慢，这会增加企业的管理成本，即规模成本效应以及造成不必要的资源浪费。如果能融入互联网，企业的沟通能力就会得到较大加强，上下级传递信息的速度会更加快速，减少决策的滞后性，增加生产效率，降低管理成本。政府应当鼓励企业上下游之间建立信息沟通平台，这样企业上下游信息会更充分，上游产业能了解到中下游企业的需求变化，中游企业能了解到上游原材料的价格变化和下游企业的需求变化，下游企业能及时向中上游企业反馈市场需求，上下游企业联系更为密切，使各方面、各环节的生产都更加有目的性，减少决策失误，对于整个产业各个环节的生产者来说都是有利的，这样也有利于增强整个产业的活力，增加生产效率。在生产环节上融入互联网技术，有利于政府协调区域发展，使产、学、研三方面能够相互配合，提高生产效率和生产质量。在销售环节上融入互联网技术，能拓宽企业的营销路径。一方面，企业可以借助国内现有的电商资源，增加产品曝光度，拓宽营销途径，扩展对国内各行业的销路，满足国内生产发展的装备设施需求；另一方面，黑龙江省装备制造业应当借助"一带一路"倡议，建立国际交流的电商平台，与"一带一路"沿线国家深入交流合作，了解其他国家的装备制造需求状况，扩展国内装备制造的海外销路，让国内过剩的装备制造业产能有效地利用起来。

二、改善产业的发展模式

发展一个我国生产研发能力较弱的产业是有多种途径的，可以搞自主研发，也可以直接引进国外成熟的技术。

龙头企业一般是指资金、规模和生产技术能力远高于区域平均水平的企业，并且这个企业对行业的发展做出了卓越贡献，引领着整个行业的发展方向。这个企业的核心竞争力就是自身的技术水平，而把生产环节外包给其他厂商，这样的企业被称为龙头企业。龙头企业增长模式就是借助龙头企业的研发能力，带动整个区域的生产制造水平。黑龙江省装备制造业发展多年，产业上下游完整丰富，但大多企业没有研发部门或研发能力不强，产业所制造的产品偏向于低端制造，产品竞争能力弱，没有议价能力。

因此，黑龙江省装备制造业正需要一个"龙头"来带领整个产业的改革、创新，提升产业的生产水平，整合黑龙江省的生产资源，带领区域内中小企业一起发展。首先，以龙头企业来引领行业发展方向。龙头企业的资金、规模、生产技术往往较高，代表着某一地区最先进的生产技术，一个产业的上下游产业链通常比较长，上下游产业的联系并不是非常密切，但是龙头企业凭借其强大的资金规模可以有效整合上下游产业链，通过自身庞大的需求来敦促上下游产业链向自己靠拢，整合资源，提高资源的利用效率，同时，龙头企业的生产技术要求较高，会使代工厂商不断地升级改进自身的生产技术，以获得代工生产的权利，因此，龙头企业会提升整个产业的生产能力。黑龙江省装备制造业龙头企业可以利用黑龙江省完善的上下游产业链，来满足自身的生产需求，通过把部分重要的技术转移代工，降低自身生产成本的同时，提高中小企业的生产技术，实现行业协同发展。龙头企业在国际市场上也具有一定的影响力，其可以利用自身品牌在国际市场上的影响力来吸引外国投资，承接国外项目，拉动内需，给中小企业带来更多的发展机会。其次，让龙头企业去引进国外先进的技术和人才。当我国某一产业发展不如其他国家时，最具有学习外国先进技术的公司无疑是该行业的龙头企业，让龙头企业去引进技术，从而做到学习、消化、再创新。因为中小企业的技术水平、资金规模远达不到与国际大型跨国公司对接的程度，中小企业应紧跟龙头企业发展的步伐，避免与行业脱节。龙头企业应将自身的核心业务目标摆在技术突破上，只有掌握核心技术，才能坐享更大的利润率，才能在研发上投入更多的资金，形成良性循环。再次，龙头企业在成立自身的研究院之余，应与国内其他的研究院、高校实验室进行合作，共同开发先进技术，加速产品的量产，把科研的投入转化为利润。又次，龙头企业可以提高对上下游企业的代工标准，敦促行业提高技术的改进速度，提升工人的学习能力，增加产业的生产效率。最后，通过不断地细化行业分工，使行业的各个生产环节都具备高精度的生产工艺，提高产品质量。

黑龙江省也可以通过引进国内外优质的企业，推动我国产业上下游供应链的发展，如智能手机产业，在我国的手机产业还没有进行改革、升级时，引入国外智能手机厂商，凭借廉价劳动力的优势，吸引外国智能手机厂商在我国投资建厂，虽然这种做法具有一定的风险，可能让外国智能手机占领我国智能手机市场大量的份额，但是风险中存在着机遇，引进外国智能手机厂商的同时也推动了我国智能手机行业生产和代工的能力，完善了我国智能手机产业上下游产业链，为国产手机厂商的诞生以及发展奠定了良好的工业基础，如今国产智能手机份额逐年上涨，在全世界智能手机产业中占有举足轻重的地位，国产智能手机厂商在海外享有良好的品牌声誉，智能手机行业为我们其他行业的发展提供了可借鉴的成功经验。今天再次引进特斯拉来推动我国新能源汽车产业的发展，相信我国未来电动车行业的发展也会蒸蒸日上，那么，黑龙江省装备制造业的发展同样也可以借鉴这个经验，引进外国装备制造业的龙头企业，将外国设计的产品写上中国制造，增强我国制造业的制造能力，同时也能推动我国装备制造业的迅速发展。

三、提高资源的综合使用效率

近年来，我国重视环保理念，在注重经济增长的同时，也要保护好绿水青山，因此，装备制造业的发展应当遵守保护环境的原则，不过度开采自然资源，不浪费自然资源，发展清洁能源，尽可能使用可再生资源。黑龙江省自然资源丰富，森林广袤，还有丰富的石油等矿物资源，这些得天独厚的地理环境和丰富的自然资源为黑龙江省制造业的发展提供了良好的基础，这也是黑龙江省作为老工业基地建设得天独厚的优势，但是近年来资源浪费过度，企业对资源的利用不够充分，效率低下，使黑龙江省作为工业基地的地位日趋下滑，渐渐丧失了自己资源大省的优势，阻碍了企业的发展，所以，黑龙江省应当珍惜资源、保护资源，提高企业对资源的利用效率，逐渐恢复黑龙江省制造业的生产能力。

四、关注国内外市场对装备制造业的需求

积极地对市场进行调研、把握市场的需求对于装备制造业来说是至关重要的，了解市场发展的动向，搞清楚最前沿技术的发展方向，不能两耳不闻窗外事，否则就会脱离市场，越走越远，丧失产品竞争力，只有把握住装备制造业的发展方向，才能把握住市场的大量份额。对市场进行调研，把握市场的需求，了解市场的升级方向，一方面既提高了我国装备制造企业生产产品的质量，另一方面也避免了人力、物力、财力的浪费。

五、注重合作伙伴的发展以及经贸合作网络的构建

黑龙江省在同俄罗斯远东地区进行装备制造业合作以外，应当积极寻找新的

国际合作伙伴，大力开拓国际市场，寻找新的装备制造业合作伙伴，探索新的国际合作模式。自"一带一路"倡议实施以来，我国通过"丝绸之路"经济带与"海上丝绸之路"与沿线许多国家开展基础设施建设、能源供应等一系列合作，使我国与中亚、西亚，东非、欧洲等国家的联系更加密切，促进了我国与这些地区的经济贸易往来。我国除同俄罗斯发展合作装备制造业以外，也应积极寻找新的合作伙伴，探索新的合作模式，构建新的经济贸易合作关系网，黑龙江省应当借助"一带一路"倡议，积极参与沿线各国基础设施建设。合作发展装备制造业，要重点建设好境外合作网络，为黑龙江省同境外其他国家的合作发展奠定基础。由于"一带一路"沿线国家的资源、文化、经济发展、基础建设各有不同，我们应当以一种开放包容的心态，找到这些国家的潜在优势，充分发挥它们的特长，开展经贸合作，达到互利共赢的目的，同时了解市场需求，促进我国装备制造产品的出口规模，如在沿线国家建立港口城市、工业园区、物流网络、跨境电商平台等项目，增加建设需求，也能促进我国装备制造输出，将国内过剩的产能用以援助世界各地建设、发展，为以后长远的、深入的合作打下基础。

六、通过发展知识密集型产业促进装备制造业升级

本节将讲述如何通过知识密集型产业来推动装备制造业发展，并提出相关建议。人均受教育水平很大程度上影响了一国的经济发展速度，同时知识型人才的数量，也影响着一个产业的发展速度，知识密集型产业是生产知识、传播知识、促进知识应用的产业，知识的迅速传播可以带动各行各业的发展。身处在知识密集型产业的人，他们的创新能力和创造能力受到产业发展水平的制约，因此我们要大力发展知识密集型产业，从而推动企业的生产发展。我国正处于供给侧结构性改革，这对于我们促进知识密集型产业的创新和发展，提升知识密集型产业的创新能力和创造能力具有推动作用。但是知识密集型产业的发展受到科研、资本和人力三方面因素的影响。本节将从这三个方面来阐述如何推动知识密集型产业的发展。

（1）科研因素。

科研是生产高尖端产品的前提，没有在科研上的投入，企业就缺乏创新能力，科学技术是第一生产力，没有了科研、没有了创新，企业就无法向前发展，因此，一个企业在每年净利润有盈余的情况下，应该将一部分资金投入在科学研发中，以保证企业的成长性和创新性。同时，我国大部分的技术型企业都无法独立完成技术研发活动，必须要与高校、科研院所合作，才能开发出新产品，因此，科研院所和省部高校不仅是创造知识、传播知识、培养人才的校园，更是我

国各产业企业发展的发动机，因此，国家应该重视科研机构和高校实验室，给科研院所和高校拨更多的专项资金，吸引人才，引进先进设备，在知识和技术方面达到国际领先水平，这样才能推动我国装备制造业企业更为迅速地发展。企业有了科研院所和高校的帮助，就能更好地推出具有技术含量的高科技产品。同时，产品的量产速度远大于知识的创新速度，因此，无论更新得有多快，企业的生产总是能跟得上，我们要把资金提供给科研院所和高校实验室，让高校和实验室的技术水平、理论水平永远走在前列。

（2）人才因素。

装备制造业属于科技行业，需要先进的理论知识不断迭代产品的技术性，因此需要大量的高学历、高尖端技术人才，以及高水平的技术工人。企业没有了人才就没有了内生驱动的源泉，我国装备制造业正是人才紧缺的行业，因此应该制定政策来解决这些问题，给装备制造业企业补充大量的技术人才。首先，增加对装备制造业产业人才的供给，我们可以从大学理工科扩招开始入手，每年增加高校理工科学生的入学率，这样能给装备制造业企业提供大量的人才，这需要省政府和中央政府的政策支持。其次，降低理工科学生的研究生国家线，并且在研究生相关专业进行扩招，这样每年就会毕业大量的理工科类高尖端技术型人才，这些人才流入装备制造业企业将会推动装备制造业企业蓬勃发展，是企业发展的催化剂。再次，在增加了内部供给之后，我们也从其他方面吸引人才到我国的装备制造业企业，如增加海外高校交流项目，一方面吸引其他国家的人才，另一方面也促进我国优秀的学生到国外进行交流学习，获取更前沿的理论知识，日后回国成为装备制造业产业发展的栋梁之材。最后，每个产业都需要高端人才和低端人才，在高端人才的供给增加之后，一些简单重复的工作也需要大量的普通技术工人来完成，因此，国家应该鼓励社会承办职业技术培训机构，对没有工作的人员给予学习技能的机会，通过学习一方面提高了自身能力，另一方面增加了社会的就业率，维护了社会的稳定性。

（3）资本因素。

资本是快速发展的催化剂，没有资本就难以调动人力、物力等，从而制约经济发展。一方面，国家应该增加对装备制造业产业的投资力度，建设工厂，增加装备制造业产业的人才需求量，同时予以高于行业均值的薪资水平吸引人才到装备制造业产业发展，这样报考装备制造业相关理工科专业的学生就会越来越多，形成良性循环；另一方面，国家要投入资金到科研院所和高校，科研院所和高校实验室是我国装备制造业产业的最高科研水平，能带动整个产业迅速发展，因此可以通过对高校和科研机构等知识密集型产业的投资来带动装备制造业企业的迅速发展。

如何让知识密集型产业更好地服务于装备制造业企业的发展，黑龙江省政府应当在区域上进行规划，使产、学、研三者协调发展，三者的协同发展具有短板效应，如果任何一个环节出现了短板将制约整体的发展，没有科研院所的科研成果，企业就不能生产出具有竞争力的产品来占领市场份额，没有学校培养大量的人才，企业就会发展得非常缓慢，如果没有企业将科研院所的科研成果利用起来，企业就不能生产出带有高科技含量的产品，产品不具备竞争力，企业就无法发展壮大，就不能够利用高校培养的大批人才，这样容易使人才流失，造成资源的极大浪费，因此需要省政府进行合理规划，促进三者的协同发展。

七、促进装备制造业自身发展的政策建议

首先，以自主创新能力为核心，以高效的生产技术为方式，推动我国装备制造业产业向高尖端方向发展。装备制造业产业是随着科技发展而不断进步的产业，推动技术的进步需要坚持不断的科研，因此，提升产业的创新能力至关重要。其次，要构建区域协调发展理念，即一个地区的企业、高校、科研院所应当均衡发展，不能有短板，产、学、研三者出现短板便会限制装备制造业的发展，因此，三者应当齐头并进，不造成资源的浪费。最后，要重视人才，吸引人才。装备制造业不是夕阳产业，装备制造业存在广阔的市场，因此，需要吸收大量的人才进入该行业，推动该行业的快速发展。

第三节　微观方面

一、提高企业境外融资能力

装备制造企业除接受国家的政策优惠以外，还应该提高自己的境外融资能力，通过增加开源的方式来扩大自身的优势，例如，鼓励我国境外制造业企业加强与亚洲基础设施投资银行和世界银行等国际金融机构的合作，扩展融资方式，扩大生产经营规模，形成规模经济，从而降低生产、销售成本，使企业产品在国际市场上更具备价格竞争力，并将筹集到的资金更多地用于装备的技术研发，提

高产品的技术含量，加强行业壁垒，从而扩大我国制造业产品的市场竞争优势。企业在对外贸易中应当充分利用"一带一路"沿线的金融资源，增加融资方式，降低融资成本，黑龙江省政府应当积极鼓励本省企业到海外上市，利用国际金融市场，发展我国装备制造业，促进本省装备制造业企业走上国际舞台。

二、提高装备制造业企业自身的研发能力

装备制造业企业应当保持一定水平的自主创新能力，了解市场需求，解决市场痛点，是一个企业迅速发展、提高知名度的必要条件。新的企业在占领了一定的市场份额之后，满足于现状，内部利益矛盾突出，创新能力下降，改革能力不足，从而走向破产的例子数不胜数，没有创新就没有了发展的动力、没有了生命的源泉，因此企业必须在科研方面投入大量的经费，保持企业的创新能力。自主创新是一个企业能够健康、可持续发展的必备品质。目前，黑龙江省装备制造业企业自主研发能力不强，甚至没有自己的研发机构，技术水平发展缓慢，许多产品的核心部件依赖于从国外进口，相关企业被其他国家遏制住了命运的喉咙。"人为刀俎，我为鱼肉"，企业没有自身的核心技术是很难走得长远的，也会制约企业与其他国家的合作方式，因此我国装备制造业企业应当在科研中投入更多的经费，研发、掌握关键核心技术，增强企业在国际市场上的竞争能力，完善制造业上下游产业链，打造国际装备知名品牌，运用前沿的技术，打造出高质量、高效率的产品。

三、保证研发的资金投入

自主创新能力是一个企业长远发展的必备品质，保证一个企业具有一定水平的创新能力首先要保证企业中对于研发资金的投入，黑龙江省是我国的老牌工业基地，拥有完善的制造业上下游产业链，工业制造业企业众多，但是今年这些企业的创新能力以及技术水平有所下降，无法满足当今社会国际市场对于装备制造的需求，因此所生产的产品市场份额逐年下降，产品竞争能力不强。黑龙江省的制造业企业应当抓住这次"一带一路"的机遇，提高自己的创新、科研能力，把更多的资金投入技术研发，生产出更具创新力、更具竞争力的产品。一方面，企业的研发资金来源于省政府的资金扶持以及政策优惠，如省政府应当成立制造业企业创新扶持基金，鼓励企业进行技术创新，申请专利。另一方面，企业应当利用"一带一路"沿线的金融资源以及省政府的贷款利率优惠，增加融资方式，

扩大融资金额，保证企业每年在技术研发上的投入比例有所增加。虽然技术研发的投入产出比不高，但这是一个企业能够自主创新、掌握核心技术，生产高质量产品，增强市场竞争力，打造国际品牌的必经之路，因此，企业要增加在技术研发上的投入费用，保持一定的自主创新能力。

四、建立装备制造业创新型的企业文化

企业文化是一个企业的灵魂，企业的文化将会深深地融入到每一个员工的发展理念中，同时企业文化在一定程度上影响着企业的生产、经营效率，一个好的企业文化，通常能讲述一个好的故事，能增强企业的凝聚力，增加企业的生产效率，增强企业的研发能力，这样的企业就像一支所向披靡的军队。20世纪黑龙江省重工业发展迅速，装备制造业企业在国家的带领下蓬勃发展，但目前我国的发展阶段已经发生了变化，之前发展增速过高，带来了一系列问题，因此，现在的发展模式转向高质量发展。国有企业应当转变发展理念，改进企业文化，旧的企业文化已经不能促进生产力的发展，反而会阻碍企业内部的生产效率，因此，这些企业应当紧跟时代潮流，遵循市场经济的规律，积极输入新鲜血液，增加企业的生产活力，激发员工的斗志。

一些旧的企业闭门造车，没有创新意识和创新能力，生产的产品不具备市场竞争力，企业走向破产的边缘。因此，黑龙江省应当积极从国外学习先进的企业文化，取其精华，为我所用，通过一个好的企业文化来增强企业的凝聚力以及生产效率。中国制造业企业应当学习的是如何讲述自己的品牌故事，品牌故事也是企业文化的一种，品牌故事一方面可以让员工对自身所在企业充满信心，增强企业的创新能力和生产效率；另一方面就是给市场一个名字，让市场能记住我们的产品，并对我们的产品产生信赖，品牌的影响力不可忽视，因此，黑龙江省制造业企业应当加强技术创新，生产出高质量、高品质的产品，打开市场声誉，塑造品牌文化和品牌价值。这两年中国的装备制造业也在不断进入俄罗斯，中国制造的产品在国际上也有了一定的市场份额，因此我们要倾力打造国际品牌，能够让国际市场知道我国制造的产品的优势和特点，增强产品的竞争能力。

五、加强国内外的技术交流

黑龙江省制造业企业应当加强同国内的高校、科研机构之间的技术交流，闭门造车，只凭一己之力是难以有所突破的，科研机构、高校理论和企业生产应当

紧密结合、协同发展，三者相互分离、各自研究都会面临理论不够、信息不足、经验不足、经费不足、设备不足等挑战，三者分离导致人才无法快速流入企业，同时也无法更好地适应企业的生产和发展，科研成果也不能迅速投入生产；三者紧密交流，互相分享信息，就能加快资源流动，提高产、学、研效率，缩短生产周期，有利于黑龙江省装备制造业企业的创新能力和生产效率。

黑龙江省有许多在理工科方面实力强劲的高校，如哈尔滨工业大学、哈尔滨工程大学等，这些学校每年为黑龙江省装备制造业企业提供了大量的优秀人才，提高人才待遇，不让人才流失，是装备制造业企业应当做到的基本内容，把握住人才，努力提升自己的创新水平，才能使企业走向蓬勃的发展。黑龙江省政府应当鼓励企业、高校、科研机构进行紧密合作，发挥本省教育资源和自然资源的优势，把握机遇，把产、学、研三者紧密结合，把高校和科研机构的理论知识和科研成果迅速转化为具有竞争力的产品，促进我国装备制造业的自主创新能力和发展规模。

黑龙江省装备制造业企业应当加强同俄罗斯和"一带一路"沿线国家关于装备制造业的交流与合作。由于国内外理论水平、技术水平进展不一，积极交流有利于国内外市场达成共识，共同推动装备制造业的发展，使装备制造业为其他行业的发展提供生产力工具，促进经济繁荣增长。当前，在经济全球化以及"一带一路"的背景下，有利于我国制造业企业走向海外市场，同其他国家的制造业企业进行交流合作，共同探讨装备制造业企业未来的发展前景，交流经验与技术。黑龙江省制造业企业应当把握市场机遇，响应国家政策，积极与俄罗斯和"一带一路"沿线国家合作发展，提升企业的自主创新能力，积极拓展国际市场。同时"一带一路"也促使黑龙江省吸引其他国家的制造业企业来中国发展，交流经验与技术，共享中国这个巨大的市场。

六、注重吸收和培养人才

人才永远都是企业发展的最重要的影响因素，人的主观能动性才是决定企业走向衰败或兴旺的最重要因素，就好比一流的团队能把三流的产品卖出一流的价格，而三流的团队却只能把一流的产品卖出三流的价格，拥有创新能力和创造能力的员工永远都是企业发展的必需人才。要想增强企业的创新能力和产品竞争力，就必须培养大量具有创新能力的技术性人才，具有创新能力和管理能力的人才是一个企业能够迅速发展壮大的宝贵资源。黑龙江省装备制造业企业人口流动性差，企业每年吸收的新鲜血液也较少，人才纳入不够充分，晋升与奖罚机制不够完善，这些都是制约本省制造业企业蓬勃发展的重要因素，黑龙江省装备制造业企业对于人才的需求较为迫切，尤其是高尖端技术型人才，因此，黑龙江省装备制造业企业应当加强与高校、科研机构的联系与合作，积极引进高尖端的技术型人才。

一方面，省政府应当增设理工科相关专业，扩大招生范围，鼓励本科生毕业以后攻读硕士博士学位，增加更优秀的生源，为企业科研机构输送大量的人才；另一方面，企业内部要完善晋升、考核机制，奖罚分明，实行更多的激励政策，激发员工的创新能力和工作效率，同时积极引进在装备制造业方面具有专利的人才。再者黑龙江省制造业企业可以利用"一带一路"优势，从"一带一路"沿线国家吸引具有创新能力和高尖端技术水平的技术人员到黑龙江省企业，为黑龙江省装备制造业企业的发展提供人才保障。

七、提高黑龙江省装备制造业企业的国际化经营水平

在经济全球化和"一带一路"的背景下，黑龙江省装备制造业企业应当把握机遇，积极拓展国际市场，提升企业国际化经营水平，积极学习其他大型跨国公司的经营模式和经营战略，努力引进其他大型跨国公司经营人才，提高本土企业在国际市场上的运营能力。跨国经营风险更大，遇到的问题也更多，是更大的挑战，但同时也是更大的机遇，中国企业作为世界产业链不可分割的一部分，且中国享有世界工厂之名，应当加大制造业的发展力度，让中国制造遍布全球各地，尤其是在一些主要的领域要走在世界前列，引领世界发展的潮流。

八、发展合资企业

中国和俄罗斯作为毗邻大国，黑龙江省又是对俄边境地区，黑龙江省与俄罗斯的贸易有着天然的地理优势，并且在经济全球化以及"一带一路"的背景下，黑龙江省同俄罗斯的交流、合作有着空前的良好环境，中国目前也在进一步扩大改革开放的力度，因此，黑龙江省可以同俄罗斯成立合资企业，进一步确保双方的共同利益，促进和加强两国之间的紧密合作。

成立合资公司可以充分发挥中俄两国各自的优势，互补双方的企业管理模式和管理经验，融合中俄两国的企业文化，使企业更加规范标准，有助于企业进一步发展壮大。虽然中俄两国有着合作发展的美好愿景，但是不可避免地要承认，合作发展过程中会存在一些问题，两国政府应当为合资企业的发展提供政策性支

持，使两国的合作发展朝着更有利于两国利益的方向前进，两国政府应当把握这次"一带一路"的机遇，建立良好的合作氛围，共同发展。黑龙江省企业也应与"一带一路"沿线各国加强合作交流，同其他国家建立合资企业，充分发挥黑龙江省制造业产能优势，使黑龙江省制造业产品在国际舞台上发挥重要作用。

九、改善管理环境

企业管理也是企业前进发展过程中不可忽视的方面，新型的、良好的管理模式能提升企业的创新能力和生产效率。俄罗斯大多数企业近年来在管理模式上不断升级优化，具备先进的管理经验和管理方式，有效降低了企业的管理成本，增加了企业的生产效率，使企业进入良性发展的状态。而黑龙江省的一些制造业企业，管理模式比较落后，管理层混乱且能力不足，企业的管理存在一些制约企业发展的问题，因此，我国制造业企业应当学习外国企业的先进管理经验，引进外国优秀的管理人才，提高企业的自身管理能力，解决发展中存在的问题，解放生产力。中国汽车制造业企业的自由品牌发展迅速，如长安汽车、比亚迪等，在新能源汽车方面，国家还会进行补贴扶持，且新能源汽车市场广阔，因此，这些企业发展前景颇好，中国汽车制造业应当在国内稳步发展的基础上，在"一带一路"沿线国家拓展自己的国际市场，把我国国产的新能源汽车带向世界各地。

参考文献

［1］Akamatsu K. A historical pattern of economic growth in developing countries ［J］. The developing economies preliminary issue, 1962 (1): 3-25.

［2］Alessandro Barattieri, Ingo Borchert, Aaditya Mattoo. Cross-border mergers and acquisitions in services: The role of policy and industrial structure ［J］. Canadian Journal of Economics, 2014, 49 (4): 1470-1501.

［3］Antras P, Chor D. Organizing the global value Chain ［J］. Econometrica, 2013, 81 (6): 2127-2204.

［4］Antràs P, Chor D, Fally T, et al. Measuring the up-streamness of production and trade flows ［J］. American Eco-nomic Review, 2012, 102 (3): 412-416.

［5］Arndt S., Kierzkowski H. Fragmentation: New production patterns in the world economy ［M］. Oxford: Oxford University Press, 2001.

［6］Bertine L., Duncan B. Urbanization and growth ［J］. Journal of Urban Eco-momics, 2004 (1): 80-96.

［7］Daudin G., Rifflart C., Schweisguth D. Who produces for whom in the world economy? ［J］. Canadian Journal of Economics, 2011, 44 (4): 1403-1437.

［8］Dietzenbacher E., Luna I. R., Bosma N. S. Using average propagation lengths to identify production chains in the andalusian economy ［J］. Estudios de Economía Aplicada, 2005, 23 (2): 405-422.

［9］Dietzenbacher E., Romero I. Production chains in an Interregional framework: Identification by means of average propagation lengths ［J］. International Regional Science Review, 2007, 30 (4): 362-383.

［10］Fally T. Production staging: measurement and facts ［R］. University of Colorado-Boulder, 2012.

［11］Franco Morganti. The value chain in telecommunications ［J］. Intermedia, 2002, 30 (1): 18-26.

［12］Gereffi G. International trade and industrial upgrading in the apparel commodity chain [J]. Journal of International E-conomics, 1999, 48 (1): 37-70.

[13] G. M. 淹罗斯曼·E. 赫尔普曼. 利益集团与贸易政策（中文版）[M]. 北京：中国人民大学出版社, 2005.

[14] Hagemejer J., Ghodsi M. Up or down the value chain? a comparative analysis of the GVC position of the economies of the new EU member states [J]. Central European Economic Journal, 2017, 48 (1): 1-18.

[15] Hokoma R. A., Khan M. K., Hussain K. The present status of quality and manufacturing management techniques and philosophies within the Libyan iron and steel industry [J]. The TQM Journal, 2010, 22 (2): 209-221.

[16] Hummels D., Ishii J., Yi K. M. The nature and growth of vertical specialization in world trade [J]. Journal of International Economics, 2001, 54 (1): 75-96.

[17] Humphrey J., Schmitz H. How does insertion in global value chains affect upgrading in dustrial dusters? [J]. Regional Studies, 2002, 36 (9): 1017-1027.

[18] John Ravenhill. Global value chains and development [J]. Review of International Political Economy, 2014, 21 (1): 499-535.

[19] Johnson R. C. Measuring global value chains [J]. Annual Review of Economics, 2018, 10 (1): 207-236.

[20] Johnson R. C., Noguera G. Accounting for intermediates: production sharing and trade in value added [J]. Journal of International Economics, 2012, 86 (2): 224-236.

[21] Joshua Drucker, Edward Feser. Regional industrial structure and agglomeration economies: An analysis of productivity in three manufacturing industries [J]. Regional Science and Urban Economics, 2015, 42 (1): 1-14.

[22] Kaplinsk R. Globalization and unequalisation: What can be learned from value Chain analysis? [J]. Journal of Development Studies, 2000, 37 (2): 117-124.

[23] Kogut B. Designing global strategies: Comparative and Competitive value-added Chains [J]. Sloan Management Review, 1985, 26 (4): 15-28.

[24] Koopman R., Powers W., Wang Z., et al. Give credit where credit is due: Tracing Value Added in Global Production Chains [C]. National Bureau of Economic Research, Inc, 2011.

[25] Koopman R., Wang Z., Wei S. J. Give credit to where credit is due: Tracing value added in global production chain [R]. NBER Working Papers, 2010.

［26］ Koopman R., Wang Z., Wei S. Tracing value-added and double counting in gross exports ［J］. American Economic Review, 2014, 104 (2): 459-494.

［27］ Krugman P. Growing world trade ［C］. Brookings Papers on Economic Activity 1, 1995.

［28］ Lewis W. A. Economic development with unlimited supplies of labour ［J］. Manchester School of Economic and Social Studies, 1954, 22 (2): 139-191.

［29］ Li Xu, Junlan Tan. Financial development, industrial structure and natural resource utilization efficiency in China ［J］. Resources Policy, 2020 (66): 346-370.

［30］ Los B., Timmer M. P., De Vries G. J. Tracing value-added and double counting in gross exports: Comment ［J］. American Economic Review, 2016, 106 (7): 1958-1966.

［31］ Maddison A. The word economy: Historical statistics ［M］. France: OECD, 2003.

［32］ Masatake Wada. Changing industrial structure under economic transition ［J］. Masatake Wada, 2003, 40 (1): 228-239.

［33］ Miller R. E., Temurshoev U. Output upstreamness and input downstreamness of industries/countries in world production ［J］. International Regional Science Review, 2015, 40 (5): 443-475.

［34］ Mulu Gebreeyesus, Tetsushi Sonobe. Global value Chains and market formation process in emerging export activity: Evidence from Ethiopian Flower Industry ［J］. Journal of Development Studies, 2012, 48 (3): 335-348.

［35］ Neffke F., Martin H., Boschma R. How do regions diversify over time relatedness and development of new growth paths in regions ［J］. Economic Geography, 2011, 87 (3): 237-265.

［36］ N. S. Siddharthan. Industrial structure, non-price competition and Industrial development ［J］. Economic and Political Weekly, 1984, 19 (31/33): 1307-1310.

［37］ Peter Temin. Taxes and industrial structure ［J］. Business History, 2019, 61 (7): 23-45.

［38］ Qin Jin, Xiangzheng Deng, Zhan Wang, Chenchen Shi, Xing Li. Analysis and projection of the relationship between industrial structure and land use structure in China ［J］. Sustainability, 2014, 6 (12): 9343-9370.

［39］ Raj-Reichert. Global value Chains, contract manufacturers, and the middle-income trap: The electronics industry in malaysia [J]. The Journal of Development Studies, 2020, 56 (4): 1-19.

[40] Romero I, Diezenbacher E, Hewingsg J D. Fragmentation and complexity: Analyzing structural change in the Chicago regional economy [J]. Revista de Economía Mundial, 2009 (23): 263-282.

[41] Ruey-Wan Liou, Hsing-Chun Lin, Ching-Cheng Chang, Shih-Hsun Hsu. Unveiling the true value of across-strait trade: The global value chain approach [J]. China Economic Review, 2016, 41 (41): 159-180.

[42] Stehrer R. Trade in value added and the valued added intrade [EB/OL]. [2018-11-25]. http://www. iioa. org/ conferences/20th/papers/files/1022_ 20120515111_ wiod8. pdf.

[43] Tang H., Wang F., Wang Z. The domestic segment of global supply chains in China under state capitalism [EB/OL]. [2018-11-26]. https:// doi. org/ 10. 1596/ 1813-9450-6960.

[44] Timmer M. P., Erumban A. A., Gouma R., et al. The world input-output database (WIOD): contents, sources and methods [EB/ OL]. [2018-11-25]. http://www. wiod. org/ publications/papers/wiod10. pdf.

[45] Unido (United Nations Industrial Development Organization). Competing through Innovation and Learning [R]. Vienna, 2002.

[46] Vernon R. International investment and international trade in the product cycle [J]. International Economics Policies & Their Theoretical Foundations, 1966, 80 (4): 307-324.

[47] Wang Z., Wei S. J., Zhu K. Quantifying international production sharing at the bilateral and sector levels [EB/OL]. [2018-11-25]. https://www. nber. org/papers/w19677.

[48] Ye M., Meng B., Wei S. J. Measuring smile curves in global value Chains [EB/OL]. [2018-11-26]. https://www. researchgate. net/publication/303755763.

[49] Zahraee S. M. A survey on lean manufacturing implementation in a selected manufacturing industry in Iran [J]. International Journal of Lean Six Sigma, 2016, 7 (2): 136-148.

[50] Rui Zhang, Chunhua Ju. An empirical study on the correlation and coordination degree of linkage development between manufacturing and logistics [J]. Journal of Software, 2012, 7 (12): 2800-2807.

［51］阿尔弗雷德·马歇尔. 经济学原理［M］. 北京：中国城市出版社，2010.

［52］曹群，姜振寰. 产业链的内涵及特征分析［J］. 商业研究，2008（11）：133-136.

［53］曹顺良，刘杰. 上海市信息服务业产业集群分析［J］. 软科学，2008（11）：31-35.

［54］岑丽君. 中国在全球生产网络中的分工与贸易地位［J］. 国际贸易研究，2015（1）：3-13.

［55］陈超凡，王费. 中国装备制造业国际竞争力及其技术进步效应研究［J］. 中国科技论坛，2014（12）：80-86.

［56］陈朝隆，陈烈. 区域产业链的理论基础、形成因素与动力机制［J］. 热带地理，2007（2）：126-131.

［57］陈飞，翁英英. 产业集群与区域经济一体化的互动发展——广西区域经济合作模式［J］. 中外企业家，2007（12）：53-55.

［58］陈飞翔. 对外开放与产业结构调整［J］. 财贸经济，2001（6）：16-23.

［59］陈建军，陈菁菁. 生产性服务业与制造业的协同定位研究——以浙江省69个城市和地区为例［J］. 中国工业经济，2011（6）：141-150.

［60］陈柳钦. 产业价值链：集群效应和链式效应［J］. 理论探索，2007（2）：78-81.

［61］陈时兴. 中国产业结构升级与金融发展关系的实证研究［J］. 中国软科学增刊，2011（10）：72-78.

［62］程李梅，庄晋财，李楚，陈聪. 产业链空间演化与西部承接产业转移的"陷阱"突破［J］. 中国工业经济，2013（8）：135-147.

［63］崔茂森. 我国产业结构升级的深层分析［J］. 东岳论丛，2004，25（3）：172-173.

［64］都晓岩，卢宁. 论提高我国渔业经济效益的途径——一种产业链视角下的分析［J］. 中国海洋大学学报（社会科学版），2006（3）：10-14.

［65］杜传忠，张丽. 中国工业制成品出口的国内技术复杂度测算及其动态变迁——基于国际垂直专业化分工的视角［J］. 中国工业经济，2013（12）：52-64.

［66］范忠红. 论装备制造业产业链整合——以沈阳装备制造业为例［J］. 社会科学辑刊，2009（6）：122-124.

［67］干春晖，郑若谷，余典范. 中国产业结构变迁对经济增长和波动的影

响 [J]. 经济研究, 2011 (5): 4-17.

[68] 高梁. 挺起的中国脊梁: 全球化的冲击和中国的战略产业 [M]. 北京: 中国石油出版社, 2001.

[69] 葛建新. 对振兴东北装备制造业的几点认识 [J]. 经济管理, 2004 (2): 16-19.

[70] 龚勤林. 产业链接通的经济动因与区际效应研究 [J]. 理论与改革, 2004 (3): 105-108.

[71] 龚勤林. 产业链空间分布及其理论阐释 [J]. 生产力研究, 2007 (16): 106-107.

[72] 龚勤林. 论产业链构建与城乡统筹发展 [J]. 经济学家, 2004 (3): 121-123.

[73] 龚三乐. 全球价值链内企业升级的动力对绩效的影响研究 [D]. 暨南大学博士学位论文, 2007.

[74] 顾颖, 房路生. 中德装备制造业的优劣势分析及其启示 [J]. 经济管理, 2005 (18): 82-86.

[75] 郭澄澄. 全球价值链视角下我国制造业与生产性服务业协同机制及实证研究 [D]. 上海社会科学院博士学位论文, 2019.

[76] 郭国庆, 李先国, 牛海鹏. 论台湾科技产业发展的缺陷与两岸合作模式 [J]. 中国科技论坛, 2001 (6): 42-46.

[77] 郭立新, 陈传明. 国外战略决策过程理论研究述评与展望 [J]. 科技进步与对策, 2010, 27 (21): 153-160.

[78] 郭宁. 通货膨胀对中国产业结构升级的影响 [J]. 财经研究, 2014, 40 (4): 132-144.

[79] 郭旭红, 李玄煜. 新常态下我国产业结构调整升级研究 [J]. 华东经济管理, 2016, 30 (1): 49-54.

[80] 郭玉屏. 全球价值链视角下宁波装备制造业产业升级 [D]. 辽宁大学博士学位论文, 2013.

[81] 国家发展计划委员会产业发展司. 中国装备制造业发展研究总报告 (上册) (专题篇) [M]. 北京: 国家发展计划委员会产业发展司出版社, 2002.

[82] 何娣, 邹璇. 服务外包对中国产业结构升级的影响 [J]. 统计与决策, 2012 (22): 135-137.

[83] 何宁. 全球技术进步背景下中国装备制造业产业升级问题研究 [D]. 对外经济贸易大学博士学位论文, 2017.

［84］何平，陈丹丹，贾喜越. 产业结构优化研究 ［J］. 统计研究，2014，31（7）：31-37.

［85］洪勇，苏敬勤. 发展中国家核心产业链与核心技术链的协同 ［J］. 中国工业经济，2007（231）：38-47.

［86］洪勇，苏敬勤. 发展中国家核心产业链与核心技术链的协同发展研究 ［J］. 中国工业经济，2007（6）：38-45.

［87］胡大立. 产业关联、产业协同与集群竞争优势的关联机理 ［J］. 管理学报，2006，3（6）：709-713.

［88］胡国平. 产业链稳定性研究 ［D］. 西南财经大学博士学位论文，2009.

［89］胡娟红. 珠三角产业转型升级的动因及路径研究 ［D］. 暨南大学硕士学位论文，2014.

［90］胡军，盛军锋. 产业集群与粤港高新技术产业合作探析 ［J］. 经济前沿，2002（12）：28-32.

［91］胡晓鹏. 产业结构变迁视角下经济增长的系统性分析 ［J］. 财经科学，2004（1）：87-91.

［92］花蕾. 振兴辽宁装备制造业中的政府管理创新 ［J］. 社会科学辑刊，2008（3）：107-109.

［93］黄光灿，王珏，马莉莉. 全球价值链视角下中国制造业升级研究——基于全产业链构建 ［J］. 广东社会科学，2019（1）：54-64.

［94］黄群慧. 改革开放40年中国的产业发展与工业化进程 ［J］. 中国工业经济，2018（9）：7-25.

［95］黄泰岩. 2015年中国经济研究热点排名与分析 ［J］. 经济学家，2016，11（11）：5-18.

［96］霍徐强. 中国装备制造业国际竞争力实证分析 ［J］. 商业经济，2010（6）：5-7.

［97］基良群，王巍. 黑龙江装备制造业产业链现状及特点分析 ［J］. 工业技术经济，2008（2）：63-68.

［98］纪玉山，吴勇民. 我国产业结构与经济增长关系之协整模型的建立与实现 ［J］. 当代经济研究，2006（6）：47-52.

［99］简晓彬，周敏. 开放条件下制造业价值链攀升的影响因素研究——基于江苏制造业行业面板数据的分析 ［J］. 商业经济与管理，2013（1）：55-69.

［100］简新华. 产业经济学 ［M］. 武汉：武汉大学出版社，2001.

［101］姜秉国. 中国海洋战略性新兴产业国际合作领域识别与模式选择

[J]．中国海洋大学学报（社会科学版），2013（4）：7-12．

[102] 蒋国俊．产业链理论及其稳定机制研究［D］．西南财经大学博士学位论文，2004．

[103] 蒋国俊，蒋明新．产业链理论及其稳定机制研究［J］．重庆大学学报（社会科学版），2004（1）：36-38．

[104] 荆峥．基于全球价值链的地方产业集群升级［D］．浙江工业大学硕士学位论文，2012．

[105] 李钢，金硝，董敏杰．中国制造业发展现状的基本判断［J］．经济研究参考，2009（41）：46-49．

[106] 李钢，廖建辉，向奕霓．中国产业升级的方向与路径——中国第二产业占 GDP 的比例过高了吗［J］．中国工业经济，2011（10）：16-26．

[107] 李海舰，聂辉华．全球化时代的企业运营——从脑体合一走向脑体分离［J］．中国工业经济，2002（12）：5-14．

[108] 李霖，郭红东．产业组织模式对农户种植收入的影响——基于河北省、浙江省蔬菜种植户的实证分析［J］．中国农村经济，2017（9）：62-79．

[109] 李绍东．中国装备制造业先进水平实证研究［M］．北京：中国社会科学出版社，2013．

[110] 李树．环保产业发展中“政府与市场”合作模式研究［J］．经济纵横，2013（9）：103-106．

[111] 李万立．旅游产业链与中国旅游产业竞争力［J］．经济师，2005（3）：18-21．

[112] 李玮．全球价值链理论和发展中国家产业升级问题研究［J］．工业技术经济，2017，36（1）：22-31．

[113] 李宪建．新时期深化两岸产业合作策略探讨［J］．福建省社会主义学院学报，2015（6）：76-81．

[114] 李心芹，李仕明．产业链结构类型研究［J］．电子科技大学学报（社会科学版），2004（4）：60-63．

[115] 李延军．产业结构与经济增长关系的协整研究［J］．商业时代，2007（7）：81-82．

[116] 李菜．我国装备制造业产业国际竞争力分析——基于 RCA 指数和钻石模型［J］．现代商贸工业，2011（24）：1-2．

[117] 李一鸣，刘军．产业发展中相关理论与实践问题研究［M］．成都：西南财经大学出版社，2006．

［118］李奕. 基于全球价值链分析的中国制造业升级路径及测度方法研究
［D］. 上海社会科学院博士学位论文，2018.

［119］李应博等. 全球经济危机影响下两岸产业合作的框架、机制与模式创
新［J］. 台湾研究，2009（5）：24-31.

［120］李月. 新形势下两岸产业合作的模式、区域与战略选择——基于全球
价值链动力机制视角的分析［J］. 台湾研究集刊，2011（2）：36-44.

［121］练元坚. 发展装备制造业的分类思考［J］. 机电产品开发与创新，
2001（5）：4-9.

［122］林桂军，何武. 中国装备制造业在全球价值链的地位及升级趋势
［J］. 国际贸易问题，2015（4）：3-15.

［123］林中燕. 产业链视角下的信息服务业蛛网模型［J］. 河南科技大学学
报（社会科学版），2009（1）：76-79.

［124］凌丹，朱方兰，胡惟璇. OFDI 对中国产业比较优势动态升级的影
响——全球价值链分工视角［J］. 科技进步与对策，2017，34（11）：60-65.

［125］刘伯超，郝超. 常州高端装备制造业升级路径研究［J］. 价值工程，
2015，34（4）：206-208.

［126］刘大可. 产业链中企业与其供应商的权力关系分析［J］. 江苏社会科
学，2001（3）：10-13.

［127］刘芳，倪浩. 我国产业结构调整的影响因素分析及相应措施［J］. 技
术与创新管理，2009，30（3）：321-324.

［128］刘刚. 基于产业链的知识转移与创新结构研究［J］. 商业经济与管
理，2005（11）：13-17.

［129］刘贵福. 产业链研究现状综合述评［J］. 工业技术经济，2006（4）：
8-11.

［130］刘贵福，赵英才. 产业链：内涵、特性及其表现形式［J］. 财经理论
与实践，2006（3）：114-117.

［131］刘慧悦. 东南亚国家产业转移的演进：路径选择与结构优化［J］. 东
南亚研究，2017（3）：29-45.

［132］刘明宇，翁瑾. 产业链的分工结构及其知识整合路径［J］. 科学与科
学技术管理，2007（7）：92-96.

［133］刘瑞丽. 河南省装备制造业竞争力研究［D］. 重庆工商大学硕士学位
论文，2012.

［134］刘圣香. 浙江省制造业升级的影响因素研究——基于全球价值链的视

角［D］. 宁波大学硕士学位论文，2015.

［135］刘伟，蔡志洲. 技术进步、结构变动与改善国民经济中间消耗［J］. 经济研究，2008（4）：4-15.

［136］刘伟，蔡志洲. 我国产业结构变动趋势及对经济增长的影响［J］. 经济纵横，2008（12）：64-70.

［137］刘伟，李绍荣. 产业结构与经济增长［J］. 中国工业经济，2002，5（5）：14-21.

［138］刘伟，张辉. 中国经济增长中的产业结构变迁和技术进步［J］. 经济研究，2008（11）：4-15.

［139］刘亚娟. 外国直接投资与我国产业结构演进的实证分析［J］. 财贸经济，2006（5）：50-58.

［140］刘瑶. 参与全球价值链拉大了收入差距吗——基于跨国跨行业的面板分析［J］. 国际贸易问题，2016（4）：27-39.

［141］刘友金，胡黎明. 产品内分工、价值链重组与产业转移——兼论产业转移过程中的大国战略［J］. 中国软科学，2011（3）：149-159.

［142］娄思. 全球价值链视角下的我国制造业升级问题研究［D］. 兰州商学院硕士学位论文，2013.

［143］卢仁祥. 中国参与全球价值链分工的低端锁定问题研究——基于增加值贸易数据的分析［J］. 华东经济管理，2017，31（6）：72-78.

［144］罗永恒，姚德权. 投资、产业结构与经济增长之间的动态关系研究［J］. 财经理论与实践，2015，36（194）：53-58.

［145］迈克尔·波特. 竞争优势［M］. 陈小锐译. 北京：华夏出版社，1997.

［146］迈克尔·波特. 国家竞争优势［M］. 李明轩，邱如美译. 北京：华夏出版社，2004.

［147］茅锐. 产业集聚和企业的融资约束［J］. 管理世界，2015（2）：58-71.

［148］倪红福. 全球价值链中产业"微笑曲线"存在吗？——基于增加值平均传递步长方法［J］. 数量经济技术经济研究，2016（11）：111-126.

［149］倪敬娥. 中国制造业产业升级影响因素的实证分析——基于全球价值链视角分析［D］. 南京财经大学硕士学位论文，2013.

［150］潘成云. 解读产业价值链——兼析我国新兴产业价值链基本特征［J］. 当代财经，2001（9）：7-15.

［151］潘颖，刘辉煌. 中国对外直接投资与产业结构升级关系的实证研究［J］. 统计与决策，2010（2）：102-104.

［152］裴学亮，朱铁，满小莉. 全球价值链视角下产业合作模式选择——来自闽台主导产业的实证研究［J］. 科技进步与对策，2017，34（22）：47-54.

［153］全毅，尹竹. 中国—东盟区域、次区域合作机制与合作模式创新［J］. 东南亚研究，2017（6）：15-36+152-153.

［154］芮明杰，刘明宇. 产业整合理论述评［J］. 产业经济研究，2006（3）：60-66.

［155］芮明杰，刘明宇. 网络状产业链的知识整合研究［J］. 中国工业经济，2006（1）：50-55.

［156］［美］施蒂格勒. 产业组织与政府管制［M］. 上海：上海人民出版社，1996.

［157］施振荣. 再造宏碁［M］. 北京：中信出版社，2005.

［158］宋帅. 全球价值链下中国装备制造业的地位及影响因素研究［D］. 吉林财经大学硕士学位论文，2019.

［159］宋艳. 论我国装备制造业的发展［J］. 学术交流，2005（10）：113-116.

［160］苏建军，徐璋勇. 金融发展、产业结构升级与经济增长——理论与经验研究［J］. 工业技术经济，2014，33（2）：139-149.

［161］苏燕. "互联网+教育"背景下电子产业园校企合作模式应用［J］. 智库时代，2020（6）：107-108.

［162］孙春晓，李春艳，吴佳. 跨产业合作模式对创新绩效影响的实证检验［J］. 统计与决策，2019，35（21）：178-182.

［163］孙东琪，朱传耿，张京祥. 苏鲁产业合作模式比较及其合作路径研究［J］. 经济地理，2012，32（2）：101-105.

［164］孙韬，赵树宽，乔壮. 我国装备制造业转型升级发展对策研究［J］. 工业技术经济，2011（5）：38-41.

［165］唐晓华，白洁. 中国产业转型与升级的实证研究［J］. 产业组织论丛，2011，12（1）：28-34.

［166］涂颖清. 全球价值链下我国制造业升级研究［D］. 复旦大学博士学位论文，2010.

［167］汪浩，沈文星. 产业结构与经济增长关系的实证检验［J］. 统计与决策，2010（24）：112-114.

［168］汪先永等. 北京产业链与产业结构调整研究［J］. 北京工商大学学报（社会科学版），2006（2）：16-21.

[169] 王爱虎，钟雨晨. 中国吸引跨国外包的经济环境和政策研究 [J]. 经济研究，2006（8）：81-92.

[170] 王保忠，何炼成，李忠民. "新丝绸之路经济带"一体化战略路径与实施对策 [J]. 经济纵横，2013，11（2）：60-65.

[171] 王海峰等. 关于装备制造业发展的研究文献综述 [J]. 商场现代化，2009（8）：65-66.

[172] 王静. 产业集聚、协同集聚与制造业全球价值链地位 [D]. 安徽大学硕士学位论文，2019.

[173] 王岚，李宏艳. 中国制造业融入全球价值链路径研究——嵌入位置和增值能力的视角 [J]. 中国工业经济，2015（2）：76-88.

[174] 王鹏. 海峡两岸高科技产业竞争力比较及分工合作模式 [J]. 国际经贸探索，2005（2）：26-29.

[175] 王群. 基于全球价值链视角的辽宁装备制造业集群发展模式研究 [D]. 辽宁大学博士学位论文，2009.

[176] 王恕立，吴楚豪. "一带一路"倡议下中国的国际分工地位——基于价值链视角的投入产出分析 [J]. 财经研究，2018，44（8）：18-30.

[177] 王婷婷，程巍. 不同微笑曲线视角下辽宁装备制造业升级的路径选择 [J]. 沈阳大学学报（社会科学版），2016，18（1）：13-16，55.

[178] 王文岩，孙福全，申强. 产学研合作模式的分类、特征及选择 [J]. 中国科技论坛，2008（5）：37-40.

[179] 王悦泽. 基于全球价值链视角的京津冀产业升级研究 [D]. 天津商业大学硕士学位论文，2013.

[180] 王章豹，吴庆庆. 我国装备制造业自主创新之问题透视与路径选择 [J]. 合肥工业大学学报，2006（5）：1-8.

[181] 王直，魏尚进，祝坤福. 总贸易核算法：官方贸易统计与全球价值链的度量 [J]. 中国社会科学，2015（9）：108-127.

[182] 王志. 美、日、印装备制造业政策比较与借鉴 [J]. 北方经济，2009（21）：46-47.

[183] 王忠豪. 全球价值链视角下我国加工贸易转型升级路径研究 [D]. 重庆工商大学硕士学位论文，2015.

[184] 魏巍，吴明，吴鹏. 不同发展水平国家在全球价值链中位置差异分析——基于国际产业转移视角 [J]. 产业经济研究，2016，80（1）：80-91.

[185] 邬晓霞，卫梦婉，高见. 京津冀产业协同发展模式研究 [J]. 生态经

济，2016，32（2）：84-87.

[186] 吴海荣，吴满琳. 基于模块化生产的上海核电装备制造网络状产业链整合 [J]. 商业经济，2010（1）：108-113.

[187] 吴金明，刘明宇. 产业链整合理论述评 [J]. 产业经济研究，2006（3）：60-66.

[188] 吴金明，邵爬. 产业链形成机制研究"4+4+4"模型 [J]. 中国工业经济，2006（4）：36-43.

[189] 吴天宝，刘志迎. 基于产业链的中国装备制造业技术进步 [J]. 科技与经济，2008（3）：59-61.

[190] 伍先福. 贸易增加值分解与全球价值链地位测度研究综述 [J]. 中国流通经济，2019，33（4）：33-44.

[191] 夏兴园，蔡玲. 中国产业结构与"雁行合作"模式——中日经济技术合作格局的选择 [J]. 国际经济合作，1995（2）：13-15.

[192] 向晓梅. 区域产业合作的机理和模式研究——以粤台产业合作为例 [J]. 广东社会科学，2010（5）：31-36.

[193] 徐建平，夏国平. 我国装备制造业的国际比较及对策研究 [J]. 中国机械工程，2008（20）：250-251.

[194] 徐剑等. 辽宁装备制造业产业链升级的路径及对策 [J]. 沈阳工业大学学报（社会科学版），2010，4（3）：302-308.

[195] 徐敏，姜勇. 中国产业结构升级能缩小城乡消费差距吗？[J]. 数量经济技术经济研究，2015（3）：3-21.

[196] 徐娜. 中国制造企业全球价值链分工下的国际生产决策研究 [D]. 天津财经大学博士学位论文，2015.

[197] 许南，李建军. 产品内分工、产业转移与中国产业结构升级 [J]. 管理世界，2012（1）：182-183.

[198] 亚当·斯密. 国民财富的性质和原因的研究 [M]. 北京：商务印书馆，1994.

[199] 杨德宏. 我国汽车产业发展模式分析——基于全球价值链的视角 [J]. 国际经济合作，2010（2）：20-24.

[200] 杨公朴，夏大慰. 现代产业经济学 [M]. 上海：上海财经大学出版社，2002.

[201] 杨华. 装备制造业竞争力评价文献综述 [J]. 经营与管理，2014（8）：99-100.

[202] 杨汝岱，姚洋. 有限赶超与经济增长 [J]. 国际经济评论，2006 (4)：16-19.

[203] 姚洋，张晔. 中国出口品国内技术含量升级的动态研究——来自全国及江苏省、广东省的证据 [J]. 中国社会科学，2008 (2)：67-82.

[204] 尹彦罡，李晓华. 中国制造业全球价值链地位研究 [J]. 财经问题研究，2015 (11)：18-26.

[205] 余典范，干春晖，郑若谷. 中国产业结构的关联特征分析——基于投入产出结构分解技术的实证研究 [J]. 中国工业经济，2011 (11)：5-15.

[206] 余晓钟，刘利. "一带一路" 倡议下国际能源产业园区合作模式构建——以中亚地区为例 [J]. 经济问题探索，2020 (2)：105-113.

[207] 俞荣建，吕福新. 基于模块化与网格技术的价值网格——以 "浙商" 为例的组织超越发展的建构论观点 [J]. 中国工业经济，2007 (6)：121-128.

[208] 郁义鸿. 产业链类型与产业链效率基准 [C]. 中国工业经济研究与开发促进会 2005 年会暨 "产业组织与政府规制" 研讨会论文集，2005.

[209] 袁艳平. 战略性新兴产业链构建整合研究——基于光伏产业的分析 [D]. 西南财经大学博士学位论文，2012.

[210] 运宇铎，陈静. 大连装备制造业产业链升级研究 [C]. 2007 "振兴东北地区老工业基地" 专家论坛论文集，2007.

[211] 曾永寿. 产业链化现象探析 [J]. 上海商业，2005 (3)：41-43.

[212] 曾咏梅. 产业集群权变嵌入全球价值链的模式研究 [D]. 中南大学博士学位论文，2010.

[213] 张偲，权锡鉴. 我国海洋工程装备制造业发展的瓶颈与升级路径 [J]. 经济纵横，2016 (8)：95-100.

[214] 张辉. 全球价值链理论与我国产业发展研究 [J]. 中国工业经济，2004 (5)：38-46.

[215] 张侃. 基于金融发展的中国制造业全球价值链升级研究 [D]. 北京交通大学博士学位论文，2016.

[216] 张丽莉. 全球价值链下长春汽车产业集群发展研究 [D]. 东北师范大学硕士学位论文，2006.

[217] 张丽丽. 全球价值链下安徽战略性新兴产业集群发展研究 [D]. 安徽财经大学硕士学位论文，2016.

[218] 张连城，李春生. 金融危机影响下产业结构与经济增长关联分析 [J]. 工业技术经济，2014 (7)：3-8.

[219] 张明，胡兵. 加工贸易增值率的实证研究 [J]. 国际贸易问题，2010，36（4）：25-31.

[220] 张明志，李敏. 国际垂直专业化分工下的中国制造业产业升级及实证分析 [J]. 国际贸易问题，2011（1）：120-130.

[221] 张其仔. 比较优势的演化与中国产业升级路径的选择 [J]. 中国工业经济，2008，9（6）：58-68.

[222] 张少军，刘志彪. 产业升级与区域协调发展：从全球价值链走向国内价值链 [J]. 经济管理，2013（8）：18-26.

[223] 张少军. 全球价值链模式的产业转移与区域协调发展 [J]. 财经科学，2009（2）：65-72.

[224] 张天维. 东北地区发展先进装备制造业应借鉴国际经验 [J]. 经济纵横，2007（10）：59-61.

[225] 张铁男，罗小梅. 产业链分析及其战略环节的确定研究 [J]. 工业技术经济，2005（6）：77-78.

[226] 张为付，戴翔. 中国全球价值链分工地位改善了吗？——基于改进后出口上游度的再评估 [J]. 中南财经政法大学学报，2017（4）：90-99.

[227] 张耀辉. 产业创新的理论探讨，高新技术发展规律研究 [M]. 北京：中国计划出版社，2002.

[228] 张艺影. 产业结构与经济增长相互促进作用机理分析 [J]. 商业时代，2008（19）：80-81.

[229] 张云. 基于全球价值链的国际产业转移研究 [D]. 武汉理工大学博士学位论文，2011.

[230] 赵红，王玲. 高端装备制造业产业链升级的路径选择 [J]. 沈阳工业大学学报（社会科学版），2013，6（2）：131-134.

[231] 郑大庆，张赞，于俊府. 产业链整合理论探讨 [J]. 科技进步与对策，2011（28）：64-68.

[232] 郑学益. 构筑产业链 形成核心竞争力——兼谈福建发展的定位及其战略选择 [J]. 福建改革，2000（8）：14-15.

[233] 周彩红. 产业价值链提升路径的理论与实证研究——以长三角制造业为例 [J]. 中国软科学，2009（7）：163-171.

[234] 周春山，李福映，张国俊. 基于全球价值链视角的传统制造业升级研究——以汕头为例 [J]. 地域研究与开放，2014，33（1）：28-33.

[235] 周华，李飞飞，赵轩等. 非等间距产业上游度及贸易上游度测算方法

的设计及应用 [J]. 数量经济技术经济研究，2016，33（6）：128-143.

[236] 周孝坤，冯钦，袁颖. 科技投入、金融深化与产业结构升级——基于中国1978~2008年数据的实证检验 [J]. 社会科学家，2010（10）：55-58.

[237] 周新苗，王志斌. 价值链攀升机理及重要影响因素研究——基于中国制造业区域面板数据的分析 [J]. 宁波大学学报，2016（29）：85-92.

[238] 周新生. 产业链与产业链打造 [J]. 广东社会科学，2006（4）：30-36.

[239] 邹十践. 以信息化带动我国装备制造业的发展 [J]. 建筑机械化，2002（1）：24-15.

后　记

　　装备制造业是一个国家工业发展的主导力量，是一国国际竞争力的重要表现，在国民经济中发挥着重要的作用。在黑龙江省对俄装备制造业产业合作中，由于在全球化的背景下，现阶段的全球化分工不再是产业与产业的分工或者产业内部之间的分配了，而是不断地将分工深入到了产业内部，同时，产业之间的竞争也发生了变化，已不再是企业之间的相互竞争，而是演化到了产业链之间的竞争。在这种新的产业合作模式以及新的竞争态势下，产业合作不仅依赖于资源禀赋或是比较优势等，而是需要基于全球价值链理论进行的产业合作模式。

　　同时，在中国经济大环境下，黑龙江省经济也面临着转型与升级，黑龙江省与俄罗斯之间的产业合作必将摆脱过去的投资方式，逐渐向产业结构转型、调整以及升级方向转变，在这种情况下，产业合作同时也会随着产业合作方式的改变而发生新的变革。

　　本书是在我攻读博士后期间所研究课题的基础上，通过查阅资料、添加新的内容进而不断完善而形成的。这是我在涉及学术领域后所出版的第三本专著，是我攻读博士后期间从事相关研究领域和教学所累积的成果体现。本书能顺利完成并出版，是诸多师长及亲朋好友帮助与支持的结果，对于他们的支持与帮助，在此表示由衷的感谢。

　　首先感谢我的良师益友姚凤阁教授，本书得以顺利完成，姚老师倾注了大量心血。他不仅悉心指导我做学问，还时刻教导我"在学问中学做人，在做人中学做学问"，这句话我一直铭记在心。

　　同时，还要感谢我的师弟裴学亮老师，他为本书提供了很多有意义的想法和建设性的建议，感谢他一直以来的大力支持和帮助。在他的身上我感受到了学识渊博、刻苦钻研、钻坚研微的学者风范和精神力量。

　　感谢我强大昌盛的祖国，感谢身处抗疫前线的医护人员，感谢疫情期间每一位抗疫英雄，感谢在这场疫情中无私奉献的工作者，让我能够在家中安心、顺利完成本书的撰写。愿山河无恙，人间皆安。

　　最后感谢我的妈妈、婆婆以及我的丈夫和儿子，正是他们默默的支持与鼓励，使本书得以顺利完成，他们永远是我最坚强的后盾和最坚定的支持者。

一文之成，众人相助。因为有了这些师长和各位亲朋好友给予的巨大支持与帮助，本书才得以顺利完成。我将在今后的工作和学习中加倍努力，用我所学到的理论知识更好地为社会、为祖国做出贡献。再次感谢他们，祝他们一生幸福、安康！